winter fragments

fragments d'hiver

winter fragments

fragments d'hiver

Poetry collection ~ Recueil de poèmes

Diane Lato

winter fragments - fragments d'hiver
First edition - première édition
Copyright © 2021 Diane Lato
All rights reserved - tous droits réservés
Dépôt légal en France - février 2021

ISBN-13 : 978-2-9574813-1-6

Edited by Kristian Porter - édité par Kristian Porter
Cover design by Venetia Law - couverture réalisée par Venetia Law
First page drawing by Mei j Rise - dessin de première page par Mei j Rise
Illustrations by / par Johanna Rawlings, Ana Ribacoba Díaz, Mei j Rise, Patricia Monaire, Skyler Saunders & Lauren T
Photos by / par Mel Laurens & Diane Lato

To you, holding this
sliver of me
blood tears laughter turned into ink & paper
or just a book
to keep you warm in the heart
of winter

Pour toi, pour vous
que ces pages te / vous tiennent chaud au cœur
de l'hiver

Imagine

Imagine pouring your whole life out on loose sheets and stuffing them in a glass bottle (who knew there would be so many pages? You're still young after all).
Imagine throwing the bottle into the ocean, because handing it out to real people would be too terrifying.

Feel the eerie lightness falling on your bones the second your fingers hold onto nothing anymore. Feel the wind, freezing & hazy purple, mimicking the young night sky ready to sing you to sleep. Smile when the kriss-shaped moon gently cuts your cheekbone with a kiss.

Now imagine spotting someone else's bottle - mine, for example - tossed about in the shimmering waves, washing up on the black shore, right between your feet. Streaked with crispy salt, wrapped in blue-turned-black seaweed, hugged tight by one or two stubborn starfish - tightly sealed but slightly cracked.
Imagine carefully pulling the paper birds out of their jagged cage, clothed in dripping dark ink - most of it erased or undecipherable like my memory. Feel their cold wings breaking between your fingers... and you holding on to them harder, harder until you're left with

f r a g m e n t s

only for you

to read.

Imagine(z)

Imagine : répandre ta vie entière sur des pages volantes et fourrer ce drôle de mille-feuille dans une bouteille en verre (tu n'aurais jamais pensé qu'il y en aurait autant. Tu es encore si jeune, non ?) Imagine-toi balancer la bouteille dans l'océan, parce que c'est toujours moins terrifiant que la donner à de vraies gens.

Tu sens l'étrange légèreté qui s'abat sur toi à l'instant où tes doigts ne retiennent plus que de l'air ? Le vent glacé, ourlé de violacé comme le ciel étoilé, prêt à te bercer jusqu'à ce que tu t'endormes ? Quand le croissant de lune t'entaillera la joue sous un baiser de métal, tu souriras.

Maintenant, imagine que tu aperçois la bouteille de quelqu'un d'autre -la mienne, par exemple-, ballotée entre les vagues scintillantes, s'échouer sur la rive noire, puis s'immobiliser entre tes pieds. Striée de cristaux de sel, le cou étranglé par une algue plus noire que bleue, le ventre ventousé par une ou deux étoiles de mer obstinées – les lèvres scellées mais le cœur fissuré.

Tu dégages délicatement les oiseaux de papier de leur cage acérée (prends garde à ne pas te couper). Leurs ailes froides palpitent entre tes doigts, leur noir d'encre à -demi-effacé (comme ma mémoire). Plus les oiseaux s'effritent, plus tu tentes de les retenir, pour ne pas en perdre une miette, jusqu'à contempler ce qu'il te reste :

des fragments

que ton regard rend

vivants

Warm words they wrote about this book

"These words will capture you within their beautiful imagery and make you feel the emotions deeply. Diane gives names to feelings I could never express in such a powerful way. This is a collection I will be reading over and over again and will still be awe struck as if it's my first time reading it. I look forward to more of this author's work in the future!"

Makenzie Campbell, author of "2 am thoughts"

"Lato's second collection, *winter fragments*, departs from the autumnal imagery of her debut and turns, as the title suggests, towards a chilling, wintry landscape of poems that are just as breathtaking, experimental in form, insightful and expertly crafted. Like her first book [*late flowers die last*], it explores themes of love and loss, grief and personal history, with healing, strength and empowerment being essential take-away for readers. While her first collection felt like an origin story, this one is the aftermath: all the fragments and pieces that escaped the first collection, the pieces that give her story nuance.

The poems here, these fragments, are an ode to winter: to the things that have died, the pieces that didn't get accounted for or got lost along the way, and prequel to the spring that I hope will follow in the next part of her journey. As with the first book, Lato's imagery is a particular strength, immersing its readers in a world that feels as displaced and icy and hopeless as the title suggests. The messages here, too, have a wintry bite: they are, if anything, more raw, more hungry, and more vulnerable.

Another of Lato's strengths lies in her profound ability to turn a phrase: a line can be both earth-shattering and gut-wrenching and yet equally have a glimmer of hope. The duality of her writing, its multi-faceted nature and the ambiguity here make her collections some of the most profound and complex contemporary poetry around today.

Some of my favourite poems in the collection included 'Emergency Haikus', 'Oz', and 'What I Live For', but I enjoyed many of the poems, whether I related to them or not, simply because of the powerful imagery.

In *winter fragments*, Lato builds on the successes of her first collection, with work that is equally as breathtaking, haunting and above all, filled with optimism and strength. This is a collection that encourages readers to battle on, through their own winters, whatever they may be and whenever they may come. The seasons don't last forever and they will inevitably change: spring is coming over the horizon."

Sam Payne, author of "this boy is a constellation"

"I'll live for as long as I feel hungry"
Diane Lato writes in *winter fragments*. This collection felt like a feast in honor of that hunger. Diane's writing is beautifully aching; it's full of delicious detail and the kind of specificity that had me savoring each page. These are poems of winter, but not the bleak chilly landscape of scarcity. Hers is a winter of abundance and we should consider ourselves lucky to have a seat at the table."

Amy Kay, poet & teacher (@amykaypoetry on Instagram)

Mots chaleureux à propos de ce recueil

« Ces mots vont vous emporter dans un tourbillon d'images et vous faire ressentir de profondes émotions. [...] Un recueil à lire et à relire, sans que les relectures ne fassent perdre leur fraîcheur aux mots. »

Makenzie Campbell, autrice du recueil "2 am thoughts"

"Ce second recueil quitte l'automne et nous invite -comme l'indique son titre- dans un univers hivernal de poèmes tout aussi époustouflants, expérimentaux dans la forme, clairvoyants et rondement menés.

Comme le premier recueil [« *late flowers die last* »], *Fragments d'hiver* explore les thèmes de l'amour et du deuil, du chagrin et de l'intimité, en faisant la part belle à la guérison, la résilience et l'affranchissement (« *empowerment* »). Si le premier recueil pouvait se lire comme « l'histoire d'origine », celui-ci est en est la suite directe : tous les fragments qui ont échappé au premier ouvrage, tous les pans qui apportent encore davantage de nuances à son histoire.

Ici, les fragments ou poèmes sont un ode à l'hiver : aux choses qui ont péri, aux éléments qui n'ont pas été pris en compte ou qui ont été perdus en cours de route, et une introduction au printemps, qui je l'espère, fera l'objet de sa prochaine publication. Comme dans son premier recueil, les images utilisées par Diane sont particulièrement évocatrices [...]. Ici, les messages aussi ont un mordant hivernal : ils sont plus bruts, plus affamés, plus vulnérables.

Une autre force de Diane réside dans ses tournures de phrase virtuoses : une phrase peut à la fois vous briser le cœur, vous prendre aux tripes et vous emplir d'espoir. Sa large palette d'écriture donne à ses ouvrages une profondeur et une complexité rares dans la poésie contemporaine actuelle. [...]

Dans *Fragments d'hiver*, Diane s'appuie sur les forces de son premier recueil : les poèmes coupent le souffle, hantent, mais communiquent également espoir et énergie. Ce recueil encourage les lecteurs à lutter, au travers de leur propre hiver, quel que soit le sens de ce mot pour eux. Les saisons ne durent pas éternellement et le changement finit toujours par arriver : le printemps se dessine à l'horizon. »

Sam Payne, auteur du recueil "this boy is a constellation"

« *Je vivrai aussi longtemps que j'ai de l'appétit* »

écrit Diane dans *Fragments d'hiver*. Ce recueil se lit comme un festin en l'honneur de cet appétit. L'écriture de Diane est douloureusement belle ; elle regorge de détails délicieux et uniques qui m'ont fait savourer chaque page. Ce sont des poèmes d'hiver, mais pas au sens morne, froid et triste où on l'entend habituellement. L'hiver de Diane est un hiver d'abondance, et c'est un honneur d'avoir une place à sa table. »

Amy Kay, poète et professeure (@amykaypoetry sur Instagram)

Table of fragments - Sommaire ~~divers~~ d'hiver

The ocean doesn't freeze in winter & me neither
La mer ne gèle pas en hiver & moi non plus

The poet at 32

(after Larry Levis & Erika Sanchez)

didn't think she'd make it this far / a year for every tooth in her mouth / 32 tiny brittle knives ready to slice life open and devour it like her mother's sweet potato pizza / well, on most days

on others / the only thing they can sink into is silence / and the mouth that so eagerly eats and speaks and kisses and even hisses sometimes

the mouth that tastes like thyme & pine cones when it wants *yours* so bad / turns into an ice-stone she can't swallow / nor melt / her pastel lips become drapes too heavy to be drawn / and the darkness is deafening / days & night blurred in a bleak winter / everlasting, it seems / because the tears never know ~~how~~ when to stop

                    yet

she did / she's done it / she's made it that far / she heard there are 206 bones in her body / and look at that / she's 33 already / and once 33 tasted impossible / like obsidian-coloured pasta / or vegan *foie-gras* / so why ~~should~~ would she stop

                              n o w ?

La poétesse à 32 ans

(*inspiré de Larry Levis & Erika Sanchez*)

ne pensait pas vivre si longtemps / autant d'années que de dents / 32 petites lames affamées, dévorant la vie comme la pizza base patate douce de maman / enfin, la plupart du temps / car les autres jours / la seule chose dans laquelle ses dents peuvent plonger / c'est le silence / et sa bouche si prompte à manger, parler, embrasser et crier

parfois

cette bouche aux saveurs de thym & de pommes de pin quand elle a si faim de *toi* / cette bouche devient une pierre glacée impossible à avaler ou pulvériser / ces lèvres pastel se transforment en tentures trop lourdes pour être tirées et l'obscurité / l'assiège / hiver sans fin / jours & nuits brouillés sous les larmes qui ne cessent de couler / salées comme la Méditerranée / et

pourtant

elle y est arrivée / elle est allée jusque-là / elle a entendu dire qu'il y avait 206 sous sa peau / et voyez-vous ça / elle a atteint 33 ans / il n'y a pas si longtemps, ce chiffre paraissait aussi impossible que des pâtes noir de jais / ou du faux foie gras / alors pourquoi s'arrêter

m a i n t e n a n t ?

Winter is the Monday of seasons and Monday is the divorced parent who parks in Sunday's driveway three hours early

You don't want the summer to end / you don't want the trees to go from fiery-red to / sadly-naked / you don't want Sunday to leave / so you sleep in / but when you wake up, your face looks like a shitty first draft / begging to be binned / *(and you swear you can hear Monday sneering / floating in the cold foggy air / grey like an old man / a phantom with sandpaper edges)*

Monday sits at your kitchen table / makes coffee feel like lava on your poor tongue / so you let it cool / half-burnt half-asleep / and when you take another sip / it's colder than an ex-lover's smile / met unexpectedly in the detergent alley of the grocery store

Monday messes with your brain / it's a forever no one wants ~~to buy~~ / even for free
time doesn't flow it   c r a w l s
on scraped palms & swollen knees

when Monday comes into town the sun recoils / combusts / sends ash-coloured showers / there's no in between / Monday hates medium / meh is good enough for Tuesdays & Wednesdays / Monday isn't gloomy November

Monday is icy-sharp-stalactite-shaped February

Monday looks a lot like your ex / Monday doesn't care about being detested or despised / Monday enjoys being *d r e a d e d*

Monday is the eldest kid who bullies the whole week / Monday is the divorced parent who parks on Sunday's driveway three hours early / brandishing tomorrow's clothes /
uniforms / suits / nothing you chose anyway / *"come on now we have to go now"*

Monday slithers into your bed / spills deep blue stains on the sheets / keeps them lukewarm & invites you in with a smile that reads like a / cutting / knife

But
Once in a blue moon
Monday gives you a break / puts the alarm clock in the bin / drops flowers on your bed / snowdrops in winter / kisses your forehead and whispers

"let's go have fun when you wake up / let's sleep in for real / wear pyjamas all day / let's bake banana pancakes and spread nut butter all over your face

let's rest"

Lundi est le parent divorcé qui débarque trois heures trop tôt le dimanche sur ta montée de garage

Tu n'as pas envie que l'été s'achève / tu n'as pas envie que les arbres perdent leur rouge sulfureux / et se recroquevillent de ~~honte~~ froid / tu n'as pas envie que dimanche disparaisse / alors tu fais la grasse mat / mais quand tu te réveilles, ton visage ressemble à une feuille de brouillon / froissée / ne demandant qu'à être jetée / (*et tu pourrais en jurer / tu as entendu lundi ricaner / tu l'entends encore / flottant dans le brouillard glacé / gris vieillard / comme un fantôme aux contours en papier / de verre*)

Lundi s'assoit à ta table / transforme ton café en lave / alors tu le laisses ~~se~~ reposer / à moitié-brûlé(e) à moitié-réveillé(e) / et quand tu en reprends une gorgée / il est plus froid que le sourire d'un ex croisé / dans l'allée des détergents du supermarché en bas de chez toi

Lundi met le bazar dans ta tête
Lundi le temps ne s'écoule pas / il (te)   C
                                            O
                                             U
                                              L
                                               E
T'écorche les paumes / fait enfler ton genou

Quand lundi débarque le soleil déguerpit /s'enflamme/ déverse des pluies de cendres / pas de juste milieu / lundi déteste la demi-mesure / « bof » est un mot pour mardi ou mercredi / lundi n'est pas maussade comme un mois de novembre

Lundi glace / tranche / comme une stalactite de février

Lundi ressemble à s'y méprendre à ton ex /lundi se fout d'être détesté ou méprisé /lundi adore te *t e r r o r i s e r*

Lundi est l'aîné qui adore bizuter tous les autres jours de la semaine / le parent divorcé qui débarque trois heures trop tôt sur ta montée de garage / brandissant tes fringues du lendemain / uniformes / costumes / tout ce que tu n'as pas choisi
« *dépêche-toi on y va on est déjà en retard !* »

Lundi se glisse dans ton lit tous les 7 matins / renverse du bleu accablant sur tes draps / les maintient tièdes *(jamais chauds)* / t'invite à t'étendre avec un sourire assassin

Et pourtant
Une fois tous les 36 du mois
Lundi ~~te fout~~ fait la paix /jette ton réveil à la poubelle / étale des fleurs sur ta couette / *(des perce-neige en hiver)* / te dépose un baiser sur le front et dit

« *Demain / on va s'amuser / dormir jusqu'à midi / passer la journée en pyjama / dévorer des pancakes à la banane / étaler du beurre de cacahuète partout / et surtout*
profiter »

"Not everybody likes to be shouted at – let alone seek it out on Spotify"

for R.

and I couldn't agree more
and I couldn't laugh louder

                 either

and I relish looking at the signature
crescent-shaped smile cutting through
your stone-cold jawline

white t-shirt / black shorts / sunproof tattoo sleeve on your
right arm *(Seoul's summer is long gone but you know my tastes by heart)*
if you could look at yourself right now
oh you couldn't make your mother scream louder

                 & *me neither*

will I ever stop fantasizing about good boys trapped in
irresistible rebel bodies?

                take our pancake ladle / pretend
you're screaming on a stage too high / for your minuscule
metalhead wife

            and I swear I'll fall on my knees / lose all
my clothes / thaw on you / like the most soft-scented fire
you've ever tasted / I'll cast spells / I'll howl psalms / I'll renew
my vows right here / right now / on our Korean heated kitchen
floor / on our French hardwood cold floorboards
Not everyone enjoys to be shouted at
but right here, right now   *even. you. do.*

« *Tout le monde n'a pas forcément envie de se faire crier dessus – encore moins sur Spotify* »

pour R.

Je ne peux pas être plus d'accord
et je ne pourrais pas rire plus fort
Je me délecte du sourire en forme de croissant qui fend
ta mâchoire de marbre

Tee-shirt blanc / short noir / tatouages enroulés autour de ton
bras droit / contre le soleil (*l'été coréen nous a quittés depuis
longtemps mais tu connais mes points faibles par cœur*)
Si seulement tu te voyais
Oh tu ne pourrais pas faire davantage hurler ta mère

ni moi

Quand cesserai-je de fantasmer sur les mecs bien / coincés dans
des corps d'irrésistibles rebelles ?

Prends notre louche à pancakes / fais semblant de hurler
dedans / depuis un scène trop haute / pour ta femme minuscule
et je te jure que mes genoux se déroberont / mes vêtements
disparaîtront / je fondrai sur ta neige / comme un feu de forêt /
je te jetterai des sorts / je chanterai tes louanges / je
renouvellerai mes vœux / ici & maintenant / sur le parquet
chauffé de Séoul / sur le parquet glacé de Rennes

Tout le monde n'a pas forcément envie de se faire crier dessus
Mais en cet instant précis

toi   *si.*

29 pieces of chipped glass in my birthday cake

today i found 29 pieces
of chipped glass in my birthday cake
and felt 32 teeth breaking
on cherries
tasting like concrete
glazed with melted plastic

today i'm 33 and everything tastes

horribly wrong

i feel like a bag of lovely bones
thrown in the closest frozen lake
dragged down by our memories
the could-have & should-have-beens
i start drowning right away

yes, in the ice

layers of pale blue & blinding white
crispy salt bites my lips harder than you ever did

i'm sinking so fast i know
i'll never come back

who needs air anyway

when there are no words left to say?

my lungs swell with nothingness

and it doesn't even hurt
(that much)

my heart slows its drumming

and it doesn't even hurt

(that much)

sand kisses every inch of my bluish
skin
i reached the bottom of Earth's bathtub
smooth
raven-black
and no
i'm not coming
back

who needs me up there anyway

if you're not there to greet me?

29 éclats de verre dans mon gâteau d'anniversaire

Aujourd'hui j'ai trouvé 29 éclats
de verre dans mon gâteau d'anniversaire
et j'ai senti 32 dents se briser
sur des cerises
au goût de béton glacé
dans du plastique liquéfié

Aujourd'hui j'ai 33 ans et tout a un goût

horrible

Aujourd'hui j'ai une sensation de sac d'os
Jeté au fond d'un lac gelé
Si chargé de nos souvenirs
De ce qu'on aurait pu, ce qu'on aurait *dû*
être
qu'il coule à pic aussitôt

oui, dans la glace

Au travers du bleu pâle & du blanc aveuglant
le sel croustillant me mord les lèvres plus fort que toi *(avant)*

Je coule si vite - jamais
je ne remonterai

À quoi bon chercher de l'air

si l'on n'a plus rien à dire ?

Mes poumons se gonflent de vide

          et je n'ai même pas si mal

     (que ça)

Mon cœur ralentit ses battements

          et je n'ai même si mal

     (que ça)

Le sable embrasse chaque parcelle de ma peau bleuie
comme si
j'avais atteint le fond de la baignoire
de la Terre
Lisse et noir
comme le plumage d'un corbeau
qui ne me ramènera jamais

      qui a besoin de moi là-haut

        si tu ne m'y attends pas ?

Still / breathing

They say *Cleopatra* bathed in milk   daily
slathered her skin in dreams of eternal
youth
but you
you bathe *in* your own memories

they / too / have a thick lid
and *a* seemingly bottomless end
but you only dive in by night
when the world gets frozen & *oh so quiet*
and the moonbeams piercing your canopy
make the water look

silvery-lethal

       otherworldly

           M E R C U R I A L

coating your skin in everlasting

        n o s t a l g i a

and the more you shimmer
the more this bathtub becomes your shiny *s h r i n e*

the dead may be forever young
but dead memories are like fallen leaves
their blazing colours don't mean they're *s t i l l*

      breathing

Piège de lait

On dit que *Cléopâtre* se baignait chaque jour dans du lait
Et s'immergeait dans des rêves de jeunesse
immortelle
mais toi
      tu te noies *dans* tes souvenirs

Eux-aussi / te promettent monts & merveilles
Un réconfort trompeusement perpétuel
Mais tu n'y plonges que la nuit
Quand le monde s'immobilise et devient muet
Quand les rayons de la lune perforent ta canopée
Donnant à ton bain un aspect

d'argent surnaturel
       mortel
          MERCURE SANS FUTUR

L'eau piège ta peau puis
ton esprit
avec ta meilleure ennemie   *la nostalgie*
et plus tu luis
plus ta baignoire prend des airs de tombeau

Les morts sont peut-être éternels
mais les souvenirs sont comme les feuilles mortes
Leurs couleurs flamboyantes ne signifient pas
qu'ils
     sont   *toujours*   *vivants*

Survival instinct

Swallows know how they should

L E A V E

before winter freezes their wings

but i don't

and i stayed

i stayed

i stay -

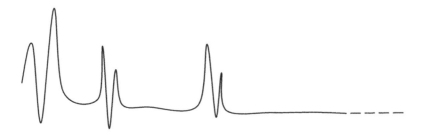

Je suis une piètre hirondelle

Les hirondelles savent parfaitement qu'elles
Doivent migrer avant que
L'hiver ne leur gèle les ailes

Mais moi

      non

Et je suis restée

           restée

               rest –

Your new ceiling light looks like a spider web

your new ceiling light looks like a spider web
frozen in time over the dinner table
which seems fitting for late October - i say
but it's January already
and judging by the look on your face
it's not the answer you wanted

your new way of touching me
like you *really* care, this time
it does touch me
but it doesn't move me
(maybe it came too late)
i'm in your arms but out of your reach

my body's in your arms but my eyes are stuck
to the ceiling
looking for a spider web-shaped light that isn't there
thinking
this isn't right
thinking
if i can be both in this bed with you and
out of it completely

where am i
really?

how come we're told we're born incomplete
doomed to wander in search of our matching half

yet i always feel torn in two
                              when i'm with you
part of me ready to crawl & contort
& die in trenches if i have to
to make us work
part of me floating in the air like suspension points
wondering where we all go
when we die
and do we miss the snow / feeling hungry / inhaling ocean
spray / dancing to loud music / too loud but sometimes too
loud is *exactly* what we need?

look at you sleeping
as if there was a tomorrow
and another one after that
do i envy your naivety
or do i long to drift even further away
to bathe in clarity
incandescent turned gold turned red-hot
a supernova
dying
already
        but
               satisfied
        full
with all the answers i ever wanted to have
safely tucked in me
and when they scatter my ashes
try & catch their silent melody
~~they'll~~ *I'll tell you everything you need to hear*

Ton nouveau luminaire ressemble à une toile d'araignée

Ton nouveau luminaire ressemble à une toile d'araignée
Figée dans le temps au-dessus de la table de ta salle à manger
Idéale pour Halloween mais
On est déjà en janvier
Et vu ta tête
Ce n'est pas la réponse que tu attendais

Ta nouvelle façon de me toucher
Comme si tu t'appliquais *vraiment*, cette fois
me touche
mais ne m'émeut pas
(*peut-être que tu as changé trop tard*)
Je suis dans tes bras mais hors
de ta portée

Mon corps est dans tes bras mais mon regard fixé
au plafond
A la recherche d'un abat-jour en forme de toile d'araignée qui
n'est pas là
Songeant

         Quelque chose ne va pas
Songeant

         Si je suis à la fois dans ce lit et hors de lui

               Où suis-je
               vraiment ?

Si on naît incomplets

condamnés à errer à la recherche de notre autre moitié
Pourquoi me sens-je déchirée

quand je suis avec toi ?
Une part de moi prête à ramper et se contorsionner
Mourir dans les tranchées si je le dois
Pour nous sauver
Une part de moi flottant dans l'air comme des points de suspension
se demandant où l'on va
Quand on meurt
Et est-ce que ça nous manque ? la neige /la faim /les embruns
qui nous fouettent le visage /les nuits blanches à danser sur de
la musique trop forte / parfois « trop fort » est exactement le
bon dosage

Si seulement tu pouvais te voir dormir
comme s'il y avait un lendemain
et encore un autre   *après*
Est-ce que j'envie ta naïveté
ou est-ce que je meurs d'envie de dériver plus loin encore
pour baigner dans un océan de lucidité
incandescente /liquide /puis   *supernova*

Mourante
mais rassasiée
par les réponses que j'ai passé ma vie à chercher
soigneusement rangées dans les replis de mon âme

Et lorsqu'ils disperseront mes cendres
Essaie de saisir leur silencieuse mélodie
~~elle~~ *je te dirai tout ce que tu as toujours voulu entendre*

If he's ice I'm fire

I'm a fire creature
Him - the wind
if he softly breathes on me - I thrive

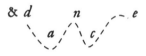

But if he starts to blow ice & snow
I will either collapse and go out
Or glow harder
harder
until I become

a supernova

doomed, yes,
but taking everyone

D
   O
      W
        N

with

me.

S'il est la glace je suis le feu

Je suis un feu en forme de femme
Et lui - le vent qui alimente mes flammes
S'il souffle doucement - je m'anime

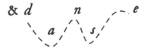

Mais s'il s'avise de m'asperger de glace
Je m'écroule
Je m'éteins
Ou bien
Je brûle plus fort
encore

une supernova

condamnée,
 oui,

mais entraînant le monde
entier dans ma

C
 H
  U
   T
    E.

Au Jardin des Plantes

we said goodbye at the *Jardin des Plantes*
two subdued stone silhouettes entwined
among the radiant tulips & vigorous vines
your heart lighter
mine ten pounds heavier
weighing on my lungs
warping my ribcage into a compacted ball of no

                                 no

                                       NO

~~we~~ you said farewell at the *Jardin des Plantes*
but my ears couldn't hear your words - didn't want to
engulfed in a dark cold sea of *i don't want to be lonely*
despite your arms cinching me
despite the sun sucking my tears before they could spill

oh i caught the glint of guilt swimming in your pools
of evergreen
but love
how could i make you see
how could i make you *feel*
this impossible feeling of being
hugged by the warmest summer sun
yet
knowing in my bones
i'd only ever know one season

                         from now on

e v e r l a s t i n g   w i n t e r

Au Jardin des Plantes

On s'est dit au revoir au Jardin des Plantes
Deux sombres silhouettes statufiées & enlacées
parmi les tulipes radieuses & le lierre vigoureux
Ton cœur plus léger - le mien une tonne plus lourd
Pesant sur mes poumons
Déformant ma cage thoracique en une boule compacte de
Non
     Non
        NON

~~On~~ tu m'as dit adieu au Jardin des Plantes
Mais je n'ai rien entendu - je ne voulais rien entendre
Engloutie dans une mer glacée grondant *« je ne veux pas être
seule »*
en dépit de tes bras encore fermes autour de moi
en dépit du soleil aspirant mes larmes avant
qu'elles ne puissent couler

J'ai surpris la lueur coupable dans tes eaux vertes
Mais comment te faire comprendre
comment te faire éprouver ce sentiment
impossible
d'être étreinte par un puissant soleil d'été
et pourtant
de savoir au plus profond de mon être que je ne connaitrai
désormais qu'une seule saison

l' h i v e r

Alternate universe in which we stayed in 서울 *(Seoul)*

It's our first Christmas ~~together~~ alone just
the two of us
no family no turkey no Christmas tree in our Gangnam home
but we're each other's family and my knee is still *pristine*

Here - I'm not afraid to trip on black ice
and you don't squeeze my arm like a lemon
every time you fear I might faceplant on the boulevard-sized
curb
We're careless / *we're paper birds and winter cannot burn us*
No one's waiting for us but we don't mind
We stroll between the green parasols wrapped in fairy lights
The freezing wind cuts our cheeks and makes us buy spur-of-
the-moment long padded coats
S for me / M for you / and suddenly we couldn't look more
local /wearing matching puffy black / as long as wizard cloaks
Debating whether we'll go for our usual kimchi
pancakes & spicy black noodles
Or something Christ*messier*
maybe?

Oh I can picture us so well
In my mind's ~~eye~~ snow globe
Sipping hazelnut coffee
Drunk on banana pancakes
Daiso's decorations all over the part-writing room / part-
dining room

  　　　　our *living* room in all senses of the word

When we open presents at midnight
the sun's still high in Europe
and sure you miss your mum's *pierogis*
like I
miss *mamie*'s *baklava*
so let's spike cheap beer with 소주
(soju - the local vodka)
until we can't tell the difference between
the remnant Korean cuisine spices lying on our tongues
and the weirdly heart-warming fire we're feasting on
we giggle, we fall
into the bed you framed with twinkling fairy-lights
we're flying back home in six months so
we might as well make each day here

                          count

tomorrow we're going ice-skating
and it might be our first New Year's eve without champagne
but there's nothing to be sad about
because we can feel it

           2020 *is going to be a hell of a year*

Pierogi: Polish dumpling
Mamie: grandma in French
Baklava: Armenian pastry
Soju : Korean alcoholic drink

Monde parallèle où nous n'avons pas quitté 서울 /Séoul

C'est notre premier Noël ~~ensemble tous seuls~~ juste
tous les deux
Sans famille, sans dinde et sans sapin
Mais on est notre nouvelle famille et mon genou est encore
neuf

Ici - je n'ai pas peur de glisser sur le verglas
Et tu ne presses par mon bras comme un citron
Chaque fois que tu crains que j'aille embrasser le trottoir large
comme un boulevard
On est insouciants

       des oiseaux de papier que l'hiver ne peut pas brûler

Personne ne nous attend pour dîner alors on se laisse porter
On déambule entre les parasols verts enguirlandés de doré
Le vent glacial nous fait acheter des doudounes intégrales sur
un coup de tête /S pour moi /M pour toi /on ne pourrait pas
faire plus local /dans nos manteaux assortis /longs comme des
capes de sorciers
Un débat animé s'ensuit / pancakes au kimchi ou nouilles
noires et épicées /ou quelqu'un chose d'un peu plus
festif ?

Oh je nous imagine si bien
dans la boule à neige
de mon imagination
sirotant du café à la noisette
bourrés de crêpes à la banane

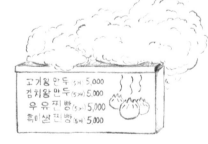

Des décorations de Daiso partout dans notre salon / salle à manger /salle d'écriture

pièce de *vie* dans tous les sens du terme

Et quand on ouvre nos cadeaux à minuit
En Europe le soleil est encore haut
Tu as une pensée pour les *pierogis* de ta maman
Et moi pour le *baklava* de mamie
Alors on épice nos verres avec du 소주
(*soju – vodka locale*)
Jusqu'à ce qu'on ne puisse plus faire la différence entre
les restes de cuisine coréenne qui nous réchauffent la langue
et le feu étrangement réconfortant que l'on boit comme du petit lait
on pouffe / on s'écroule
dans le lit que tu as encadré de guirlandes lumineuses
on rentre en France dans six mois alors
autant profiter de chaque jour ici jusqu'au dernier
demain on va patiner
et c'est peut-être notre première année sans champagne
mais il n'y a aucune raison d'être attristés
on le sent / on en est sûrs

2020 *va être une sacrée année*

Pierogi : ravioli polonais
Baklava : pâtisserie arménienne
Soju: alcool coréen

When the sun goes down

(inspired by Arctic Monkeys)

They say all cats look grey / when the sun goes down / but *we* don't / we *ignite* / we light candles / we spike our drinks with ice-coloured fire / and it blooms in our chest like **liquid midnight**
       suns

            and suddenly we don't mind that the sun sinks / a little earlier every day / in our stomach
we feed off laughter & braided fingers over dinner / our ember-blazing eyes lock / poised on an invisible blade / will you fall on my side / or me on yours / we grow / impatient / we stop talking / we blow ~~the candles~~ and we forget
about dinner

          bare skin shimmering on one another / like two fluorescent clouds / trapped on hazy walls / soft / hard / heavy / light / magnetized / two ships but no captain in sight / and the walls become sheets / navy blue turned into onyx / in the unchartered dark / whispers growing / inflating / into / storms we're growing / older / but so does the night / we can't hold onto the hours so we devour them / we tuck them in bed with us / like tiny teeth for the tooth fairy / our eyelids heavy / heavier

      and before we know it

                         rising
               the sun is   *again*
you ask me if I want coffee
the answer is always   *yes*

Le soleil va se coucher – mais pas nous

On dit que la nuit, tous les chats sont gris / mais pas nous / nous
on *s'embrase* / *(avec un s, avec deux s aussi)*
On allume des bougies / on verse du feu couleur de glace dans
nos verres / et il éclot dans nos poitrines comme

de(ux) liquoreux soleils de minuits

et soudain le soleil peut bien sombrer / un peu plus tôt chaque
jour / au creux de nos ventres
on se nourrit de rires & de doigts entremêlés au-dessus du
dîner / regards noués comme des épées / sans savoir qui va
l'emporter / et / on perd patience / on cesse de parler / on
souffle les bougies / on oublie le dîner qui refroidit

                                  peau contre
peau / deux nuages fluorescents dans le noir / incarcérés entre
des murs brumeux / souples / durs / lourds / légers /
magnétiques / deux navires, zéro capitaine à bord / les parois se
transforment en draps / dont le bleu marine se fait noir d'onyx/
l'obscurité sans fin / nos soupirs enflent / tempêtent / expirent/
comme la nuit / si l'on ne peut pas retenir les heures, autant les
dévorer / les border dans notre lit / comme des dents de lait
pour la petit souris / nos paupières alourdies...
et sans crier gare

                                              lève
                               le soleil se
                                           déjà

tu me demandes si je veux du café
je réponds toujours   *oui*

The snow in my hair

Snow falls on you
streaks the obsidian-black
sinks in
and
       stays

La neige dans tes cheveux

La neige tombe sur tes cheveux
Raye le noir ~~d'opale~~ de pâle
Pénètre
et

    reste

My heart is... (part I)

~~-a piñata~~ the **remnants of a piñata** / an explosion of colours / jagged pieces scattered on a party floor / an unfeasible puzzle *(that no one will try to put back together anyway)*

-an ice cube / half-melting half-drowning in your glass / and you sip it / oh so casually / as if there were hundreds of me

-a bending tea spoon / not because *"there is no spoon"* / but because it always digs too deep / in cookie jars & honeypots / convinced it's an ice-cream scoop / always bringing back more than it can carry

-a chessboard coated in black / the queen still the most powerful piece in town / but here everyone calls her by her true name / KING

-a red carpet / fuzzy & warm / for you to lie down / or spoon me / but beware / its threads will become blades if you ever dare / mistake it for a doormat

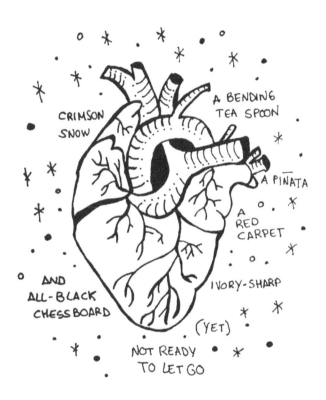

Mon cœur est...(partie I)

~~une piñata~~ les restes d'une piñata / éclats de couleurs exp(l)osées / éparpillées sur le dancefloor / puzzle infaisable *(que personne ne tentera de reconstituer)*

-un glaçon à moitié fondu / à moitié noyé dans le gin que tu sirotes tranquillement / comme s'il en existait des centaines d'autres
comme moi

-une cuillère à café tordue / pas parce que *"la cuillère n'existe pas"* / mais parce qu'elle plonge toujours trop profond dans le pot / persuadée qu'elle est une louche à glace / ramenant toujours plus qu'elle ne peut (sup)porter

-un échiquier tout de noir vêtu / la reine toujours pièce maitresse du jeu / mais ici tout le monde l'appelle par son véritable nom / ROI

-un tapis rouge / chaud & moelleux / où t'étendre / ou m'étreindre / mais ses fils se transformeront en lames acérées / si tu t'avises de le confondre avec un paillasson

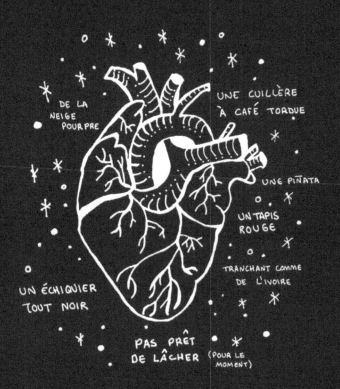

Sacred experience

Your breath turns ice-cold on my neck
and I shiver
well aware of what's coming
next

Your hands on me start moving differently
Harder
Slower now
Oh they know exactly
                    where to go

My body's your constellation map
And even on pitch-dark nights

You never miss a star

Mes constellations brûlent dans le noir

Ton souffle sur ma nuque
Se fait verglacé
M'arrache un frisson
Je sais exactement ce qu'il va se passer
Juste après

Tes mains sur moi
Changent de tempo
Plus pressantes
Plus lentes
Maintenant
Oh elles savent exactement
où aller

Mon corps est une carte du ciel
Que tu as dessinée toi-même
Et même dans la nuit la plus noire

Tu ne manques jamais une étoile

oh December – look what you made me do

for Sam

today i woke up *so hungry for yellow* / i swallowed the sun with
my coffee / and caught a sweet slice of sky between my teeth
by mistake
                    coughed
                            choked
                                        but refused to let go

the way a starving dog holds onto an old bone
found in the back of a fridge / only my bone is
a blazing ocean of swimming-pool blue / pulverised
into slivers of singed citrus / combusting my retina & my throat

and yes, **too much blue can kill you**

but my heart would rather burn than hibernate
burst like a supernova / than endure the endless grey

my heart won't *let me be*
                            buried in bone-white snow
without fighting
                    back
  first

Décembre – regarde ce que tu m'as fait faire

Aujourd'hui je me suis réveillée si affamée / que j'ai englouti le
soleil avec mon café / et avalé une tranche de ciel
par erreur

                    toussé

         manqué   m'étrangler

                mais   *refusé de lâcher*

aussi entêtée qu'un chien affamé qui aurait trouvé un vieil os /
au fond d'un frigo / mais ce n'est pas os, c'est un océan
turquoise et torride comme une piscine enflammée / pulvérisé
en étincelles d'agrumes / calcinant ma gorge & mes rétines

oui, trop de bleu peut tuer
mais *plutôt brûler qu'hiberner*

plutôt exploser comme une supernova / qu'endurer le gris et le
froid
mon cœur ne se laissera
jamais
enterrer dans de la neige
blanche comme de l'os
sans avoir d'abord lutté

                         à

                           mort

Last ones on Earth

I hate the rain but not
     in this moment
I welcome the ice
cold water drumming on my bare skin with
open palms
and parted lips
I savour the liquid daggers
putting my angsty thirst to sleep
drowning the tinnitus between my ears
melting the scorching salt flakes flooding on my cheeks

the icy water makes me feel alive
it soothes the fire I've been wrapping myself in
for too long
confusing an astronaut suit with
a self-destruction bomb

and your marble-like
     perfectly cut
       features
  don't give anything
           a w a y
 but I've been beneath your skin
I know there's only so much the ~~pride~~ snow can muffle and
hide

and we've clawed our way back from a hell
deeper than Helm's deep

expecting to see greens & yellows & birds flapping their wings
against the cerulean
but the sky must have fallen on our heads
or switched places with the ground
our eyes must have forgotten what colours & life taste like
because everything around us looks
off-white
pastel-grey
limp curves that don't make a sound

the earth looks like a memory
foam mattress
second-hand & deserted
and my knees suddenly feel so cold
begging me to give in so   *bad*

but we didn't climb through fucking storms
we didn't slip on pools of black
ice & razor-sharp silence
                              to stop now

so I squeeze your hand
you squeeze mine back
and we keep
                    walking
we keep on

Derniers debout (sur Terre)

Je déteste la pluie mais pas

aujourd'jui

J'accueille l'eau
glacée qui tambourine sur ma peau
les paumes vers le ciel
et les lèvres entrouvertes
Je savoure les dagues liquides
qui étanchent ma soif existentielle
noient mes acouphènes
font fondre les flocons brûlant comme du sel
ruisselant sur mes joues

L'eau glacée me vivifie
Elle apaise le feu dans lequel je m'enveloppe
depuis trop longtemps

et tes traits parfaits
de pierre ciselée
ne trahissent

r   i   e   n

mais j'ai déjà voyagé sous ta peau
je sais que ~~la fierté~~ la neige ne peut pas tout cacher

On a lutté bec et ongles
Pour s'échapper de cet enfer
plus désespéré que la bataille du gouffre de Helm

On s'attendait à être accueillis par des banderoles de vert &
d'or
et des ribambelles d'oiseaux constellant la toile bleue du ciel
mais le ciel a dû nous tomber sur la tête
ou échanger de place avec la terre
nos yeux ont dû oublier à quoi ressemble la vie / quel goût
ont les couleurs
parce que tout autour de nous est
blanchâtre
gris pâle
une immensité de muettes courbes molles

la Terre ressemble à un matelas à mémoire
de forme
usé & désert
j'ai si froid aux genoux
je donnerais tout pour arrêter
de tenir   *debout*

mais on n'a pas escaladé des tempêtes
glissé sur des piscines de verglas
et de silence plus létal que des lames de rasoir
pour arrêter maintenant

alors j'étreins ta main
elle me murmure des promesses de demain
et on continue
                                        à avancer

on continue

Snow safeguards my past silhouette(s)
La neige garde mes souvenirs au chaud

Things that keep me warm - *illustrated by Johanna Rawlings*
Remember how your mum's garden froze in a day?
Winter cannot freeze time but it can freeze you
I wear my grief like a scarf - *after Zohra Hussain*
I always found your wife a bit odd
What do you say / what do you do
Sharp objects shouldn't be left to slippery hands
The youngest widow alive
These are the things we don't talk about - *after Caitlin Colon*
Mum used to call me octopus - *illustrated by Johanna Rawlings*
Prelude in S minor
Swan song - *illustrated by Lauren T*
Empty classrooms / empty ballrooms
Ode to my babcia
If it had been warmer - *illustrated by Johanna Rawlings*
Ever wondered what my autopsy would look like?
Honey you look so tiny from the moon
Letter from the afterlife

Things that keep me warm

for Jo, the warmest of friends

Plushy blankets / bread fresh from the oven / extra hot showers / coconut & sea salt scents / a pillow fort / a fox smiling at me / on the surface of my coffee / crowned with cinnamon / like the rings of Saturn

your laughter / fluttering around me like a butterfly / tears glazing my cheeks / shielding me from winter's bite / ugly canary-yellow waterproof coats when it rains / homemade pies / kitty & puppy cuddles / dancing / always dancing / barefoot in the kitchen / in my head / if I'm stuck in a public place or a train / your skin spread on mine / like a wingsuit I never want to remove / people speaking in Brazilian / memories coated in sunset / like the softest amber box / clouds ice-skating in the night / hiding the stars / keeping them warm, too

the sound of a bottle being uncorked / poured in thirsty glasses / red in our mouths / throwing snow and eating the flakes / drawing angels in the crispy white / with the tiniest tinge of blue

you / rubbing my back / letting me borrow your clothes because they're so easy to slip into / running against the wind / lungs turned into hearth / heart pounding against my chest like a wild mustang / wanting out / to inhale the air & soak up the view / carpets of pine cones softly cushioning my soles / the scent of roasted vegetables & *herbes de Provence* / red pepper & olive oil drizzles / thyme & rosemary in my tea / Baileys in my hot cocoa / *rosé* champagne / shared her smile on my screen / while we talk about poetry & anthropomorphized hedgehogs & what's our favourite planet / I think mine might be Uranus

electric guitar solos / tiny ducklings cheeping in the deep of my palms / like buzzing balls of feathers / pulsating against my skin / your fingers searching for me under the sheets / squeezing my hip / climbing up / up / up / and all around

me

Liste des choses qui me tiennent chaud

Les couettes en pilou-pilou / le pain frais encore fumant / les douches très chaudes / les arômes de noix de coco & de cristaux sel / les châteaux-forts bâtis avec des draps / le sourire d'un renard à la surface de mon café / ourlé de cannelle / comme un anneau de Saturne

Ton rire / papillonnant autour de moi / les larmes glaçant mes joues / bouclier contre les morsures du froid / les cirés jaune fluo pour se protéger de la pluie / les pâtisseries maison / les câlins de chiots & de chatons / danser / danser, toujours / pieds nus dans la cuisine / dans mon imagination / si je suis coincée dans un train / ta peau épousant la mienne / entendre des gens parler brésilien / les souvenirs enrobés de coucher de soleil / les nuages qui font du patin à glace dans le ciel / camouflant les étoiles / les gardant au chaud, aussi

Le son d'une bouteille qu'on débouche / le glou-glou joyeux dans les verres assoiffés / ou dans nos bouches / balancer des boules de neige et avaler des flocons / dessiner des anges dans le blanc qui craque / légèrement strié de bleu

Toi / qui me masse le dos / qui me laisse te piquer tes fringues parce que c'est si simple de se glisser dedans / courir face au vent / les poumons transformés en feu de forêt / le cœur tambourinant contre ma poitrine comme un mustang / sauvage / réclamant sa liberté / inspirer l'air & absorber la vue / les tapis d'aiguilles de pin qui amortissent mes foulées / l'odeur des légumes rôtis & des herbes de Provence / les filets d'huile d'olive & de piment de cayenne / *Baileys* & chocolat chaud / le champagne rosé

Son sourire sur mon écran / quand on parle de poésie ou d'hérissons anthropomorphisés / ou de notre planète préférée / je crois que la mienne est Uranus

Des poussins minuscules qui pépient au creux de mes mains / comme des boules de plumes électriques / pulsant contre ma peau / tes doigts qui me cherchent entre les draps / pressant ma hanche / m'escaladant / plus haut / encore plus haut / puis tout autour de

moi

Remember when your mum's garden froze in a day?

November declared autumn was over
Overnight

Enough with the trees wrapped in flamboyant colours and
the smell of leaves napping for
good on the forest floor
enough with rescuing window-knocking wasps and
giving
leftovers to stray cats
(how did they even survive so far anyway?)

November made daylight a scarcity
swallowing the sun a little earlier each day
unleashing cold onto the world
like a heartbroken lover gone bitter

November traded crisp kisses for icicle-sharp slaps
forcing us to cover ourselves
frosting / biting / any bare skin / we dared to expose to the sky
fading
(remember how loud we laughed / blowing on each other's nose / rosy &
freezing & pointy / still / like the carrots we stick into snow(wo)men)

November struck
and your mum's dahlias went from creamy-white to
frostbitten-black in one night

Remember how devastating it felt
to be reminded how death isn't slow
death isn't soft like falling asleep under

      a blanket

          of   *snow*

no
death grabs you by the neck /twists it /makes it snap /makes it
break in
a split second
and suddenly nothing breathes or vibrates or knocks or
screams
anymore
the silence traps us into merciless marble

beautiful, yes

      but *impossible*

          to melt

Tu te souviens quand le jardin de ta mère a gelé en une nuit?

Novembre a déclaré que l'automne était terminé
Du jour au lendemain

Fini - les arbres drapés de feu soyeux et l'odeur des feuilles assoupies
pour toujours sur le sol de la forêt
Fini - le sauvetage de guêpes frappant à la fenêtre pour qu'on les laisse entrer et le don de restes aux chats errants
(de toute façon - comment ont-ils survécu aussi longtemps ?)

Novembre a réduit la lumière du jour en esclavage
avale le soleil un peu plutôt tôt chaque jour
fouette le monde de sa furie froide
comme un amant au cœur brisé / trouvant de la douceur dans la cruauté

Novembre a troqué les baisers frais contre des gifles de glace
nous forçant à nous couvrir
givrant / mordant / toute parcelle de peau / qui ose le narguer
(tu te souviens de nos rires tonitruants / soufflés en plein visage / pour réchauffer nos nez / rougis / pointus & figés / comme les carottes qu'on enfonce dans les bonhommes de neige ?)

Novembre a frappé
et les dahlias blanc crème de ta mère ont noirci / cramés / en une nuit

Tu te souviens ?

> *le choc*

Être ainsi ramenés à la réalité
brute
la mort n'est pas douce
la mort n'attend pas que tu t'assoupisses sous

> un duvet
>
> de   *neige*

Non
la mort t'attrape par la nuque / te tord le cou / te brise comme
un lapin / d'un claquement / de doigts
et soudain plus rien ne respire plus rien ne vibre plus rien ne
frappe à la fenêtre plus rien ne
crie
le silence est une prison de marbre sans merci

magnifique, oui

> mais *impossible*

> *à détruire*

Winter cannot freeze time but it can freeze you

Caught in a spider's web
Invisible yet
So tangible around my arms & neck
clinging to my skin like lace-thin liquorice
I feel the air itself
tightening its grip around my waist
there are words to write / questions to answer / a to-do list
piling up up up / like a troll-shaped heap

yet

I barely struggle
the spider's web feels like maple syrup
a luscious golden cage
~~thickening~~ sickening
eating me up   v e r y s l o w l y

I have things to do / people to attend to
but these soft bars are melting
coating me in pools of amber

like time gone *liquid*

the longer I stay - the deadlier
the syrup is turning solid

already

Quick
I have to move / I have to snap out of apathy
Or I'll end up like those amber-trapped insects
Beautiful / timeless / *dead*

Figée dans l'ambre

Prisonnière d'une toile d'araignée
Invisible et pourtant
Bien tangible autour de mon cou et de mes bras
Collant à ma peau comme de la dentelle de réglisse
Je sens l'air lui-même
Resserrer son étreinte autour de ma taille
J'ai des mots à écrire / des réponses à donner / une liste de
tâches qui s'empilent / sur un tas laid comme un troll

Et pourtant
            je lutte à peine
La toile
d'araignée ressemble à du sirop d'érable
Succulente
            cage dorée
            qui me dévore   p e u   à   p e u

J'ait tant de choses à faire / de personnes qui comptent sur moi
Mais les barreaux moelleux s'écroulent
m'enroulent dans leurs anneaux d'ambre
Le temps se liquéfie
et plus je reste - plus je risque *ma vie*
Déjà, le sirop   *se*
                        solidifie
Vite
Il faut que je me secoue / que je m'arrache à cette apathie
Ou je finirai comme ces insectes pris dans l'ambre
Sublimes / immortels / *décédés*

i wear my grief like a scarf

(after Zohra Hussain)

i wear my grief like a scarf
cool wool in a tight noose
keeping ~~me~~ my ghosts warm
a fuzzy ribbon around ~~an empty present~~ a full throat

i always feel better in winter

in winter nobody asks

but winter's late this year and i feel
their eyes poking
pressing silent questions into my skin
(have you noticed how silent questions are the hardest ones
to dismiss?)

still
i keep my lips red-sealed
my throat holds my memories tight / if i speak i might spill
them / if i walk around with a bare neck / i fear my lonely
bones might grow
so weary of holding on / on their own / they might just give up
collapse
      & what a mess that would be

I don't want anyone
to clean up after me

je porte mon chagrin en écharpe

(inspiré par Zohra Hussain)

Je porte mon chagrin comme une écharpe
La laine fraîche étroitement nouée
autour de ma gorge chaude
ruban moelleux ~~me~~ gardant mes fantômes au chaud

Je me sens toujours mieux en hiver
En hiver   *personne ne pose de questions*

Mais l'hiver est en retard cette année et je sens
leurs yeux presser
ma peau de questions silencieuses
*(as-tu remarqué comme les questions muettes sont les plus difficiles
à ignorer ?)*

Pourtant
Je garde mes lèvres scellées /à la cire rouge
Ma gorge conserve mes souvenirs / jalousement / si je les
dévoile ils risqueraient de se renverser / si je me promène la
nuque nue / j'ai peur que mes os se lassent de me maintenir
debout /j'ai peur qu'ils me lâchent et s'écroulent
comme un château de cartes
Tu imagines le bazar

*Hors de question que quiconque
doive nettoyer derrière moi*

I always found your wife a bit odd

I always found your wife a bit odd and your daughters a bit loud.

Carpooling every afternoon after school with them felt like observing a strange zoo without a guide.

I heard a lot about you but never met you in person / only caught a glimpse of your shiny black car / like a heavily waxed shoe / the busy husband / work-tennis-lunch-work / work dinners / jogs along the road *(something Brazilians would never do)* / the successful expat / with the loneliest wife

I didn't understand how restoring old furniture could captivate anyone / *(I hadn't discovered the concept of a captive wife / yet)* / I didn't understand how it could be anyone's passion / *her* passion / and I never got to ask her because her daughters were always howling in the car / two strawberry-blond tornadoes with holes where their teeth should be / crystalline laughter streaming from gum-soft lips / resonating / reverberating until

Until our mums started whispering in the car / instead of ~~talking~~ listening / until I didn't hear cheerful screams by the tiny inflated pool in the garden below my balcony / until there was no swimming-pool anymore / and no more carpooling / despite the tropical climate / silence thicker than an ice rink / rose like a rampart between our houses / until one day I heard / you'd started living on your own / though / not *really* on your own / but with a new wife / not French / and not a mum this time.

J'ai toujours trouvé ta femme étrange

J'ai toujours trouvé ta femme un peu étrange et tes filles un peu bruyantes.

Le covoiturage après l'école ressemblait davantage à la visite quotidienne d'un drôle de zoo dépourvu de guide.

J'ai beaucoup entendu parler de toi mais je ne t'ai jamais rencontré / seulement aperçu ta voiture de fonction / noire et luisante comme une chaussure jamais portée / le mari toujours pressé / travail-tennis-déjeuner-travail / dîners de travail / footing le long des routes (*un truc que les Brésiliens ne feraient jamais*) / l'expat populaire / à la femme la plus solitaire

Je ne comprenais pas *qui* pouvait bien se passionner pour la restauration de vieux meubles / (*je n'avais pas encore découvert le concept d'épouse en captivité*) / et je n'ai jamais pu lui demander / ses filles monopolisaient le trajet / deux tornades blondes avec des trous à la place des dents de lait / du rire cristallin coulant de leurs gencives rose fraise tagada / résonnant / résonnant / jusqu'à

Jusqu'à ce que nos mamans se mettent à chuchoter / au lieu de ~~parler~~ écouter / jusqu'à ce que je n'entende plus d'hurlements enjoués autour de la mini-piscine gonflable / jusqu'à ce que le covoiturage soit terminé / jusqu'à ce qu'un silence / plus épais qu'une patinoire / s'élève comme un rempart entre nos maisons / jusqu'à ce qu'un jour j'entende / que tu avais refait ta vie / avec une nouvelle femme / pas une française / et pas une maman cette fois.

What do you say / what do you do

A dead fox sleeps in the middle of the road / fur glazed in frozen silver / a car engine's devouring the distance / you're on a bike with no gloves / what do you do

A factory blooms behind your house / it's good for the economy / they say / the smoke is as silent as a hunter / but it keeps leaving black kisses all over your trees / they shrink / they shrivel / what do you say / what do you do

They tell you nothing's more precious than life / "*human* life, you mean" / and the sarcasm screams loud between your ears / what do you do / do you let it out

A magpie shrieks in your garden / both wings broken against the grass / trapped in sparkling ice / what do you do

The factory gets transferred abroad and three of your friends are out of a job / now / they keep drinking transparent liquor / deliberately mistaking it for water / what do you say / what do you do

They ask you why your New Year's Eve dress is backless / they ask you why you don't have kids yet / (*has no one told you?* 30 *is the new winter*) / what do you say / what do you do

They ask you how many more letters can be added to LGBTQ until it's just the whole alphabet / **they tell you pink purple & blue look** *so good* **on you** / what do you say / what do you do

There's blood on your cheeks / black dots spotting the bathroom tiles / snow in your hair / though winter's been over for a while / now

what

have

you

done?

Action / ~~réaction~~ question

Un renard mort dort au milieu de la route / la fourrure figée / marron glacé / un bruit de moteur aspire l'horizon / pas de gants sur ton vélo / que fais-tu ?

Une usine éclot derrière ta maison / c'est bon pour l'économie/ paraît-il / la fumée est plus silencieuse qu'un chasseur / mais elle laisse des traces de baisers calcinés partout sur les arbres alentour / ils rétrécissent / flétrissent / que fais-tu ?

Ils disent que rien n'est plus précieux que la vie / « ouais, la vie *humaine* » / le sarcasme hurle entre tes joues / que fais-tu ? / le laisses-tu sortir ?

Une pie trans/perce le jardin de ses cris / les deux ailes brisées contre l'herbe / emprisonnée dans le givre aveuglant / que fais-tu ?

L'usine est délocalisée à l'étranger et trois de tes amis perdent leur boulot / maintenant / ils se nourrissent de liqueur transparente / la confondant délibérément avec de l'eau / que dis-tu / que fais-tu ?

On te demande pourquoi ta robe de réveillon est dos nu / on te demande pourquoi tu n'as pas encore d'enfants / *(personne ne t'a dit ? l'hiver commence à 35 ans)* / que dis-tu / que fais-tu ?

On te demande / combien de lettres va-t-il encore falloir rajouter à « LGBTQ » avant qu'il ne contienne tout l'alphabet/ **on te dit que le bleu le rose & le violet te vont à *ravir*** / que dis-tu / que fais-tu ?

Du sang sur tes joues / des taches noires sur le carrelage de la salle de bain / de la neige dans tes cheveux / l'hiver est pourtant mort depuis longtemps / maintenant / *mais*

qu'as

tu

fait ?

Sharp objects should never be left to slippery hands (after Ada Limon said "is it okay to begin with the obvious?")

for downs

is it okay to start with the obvious?

i'm my worst enemy and i'm so fucked up i find this thought *comforting*. people are terrified by their own death. when. how. will it hurt a lot. more than grating your skin instead of cheese and seeing your mum's eyes widen in mute horror? more than ripping your heart out of your chest, holding it out to them, scarlet-dripping, like rain agonizing on the dry concrete, louder than you'd think, only to see them turn away with a hand thrown over their nose?

even your bloody heart *stinks*.

does it hurt to die? more than to be alive, i mean.

i'm my worst enemy and i find it comforting because it means *death will wear my features*. death will feel like coming home after a trip i never asked for. death will wear raven-black clothes or perhaps the sunny wool i like wrapping myself into these days.

i'm my worst enemy but there are days where i'm the only sun i can find. the irony cuts deep, like a lemon squeezed on a naked wound. it burns but *it doesn't warm me*.

is it okay to end
~~me~~ with the obvious? i always thought i'd die young, murdered
by my own two hands. they let everything slip

forks

      love

            keys

                        babies

       fucks

                              hope

they let e v e r y t h i n g
slip
except
    sharp objects.

oh they wouldn't miss my veins, my neck
or when to push me
off a cliff edge.

*(which is probably a good thing because i don't have customer service and
if i had one it would probably suck. no one would answer except static as
thick as snow and i'd end up drowning, desperately waiting for help i
didn't want in the first place).*

Objets tranchants entre mains glissantes

Puis-je commencer par une évidence ?

Je suis ma pire ennemie, et je suis si paradoxale que je trouve cette certitude *réconfortante.* Les gens sont terrifiés par leur propre mort. Quand. Comment. Est-ce que ça fait très mal. Plus mal que râper sa peau à la place du parmesan et voir une horreur muette s'étaler dans les yeux de ta mère ? Plus mal qu'arracher ton propre cœur et le tendre, tout bruyant de pluie écarlate s'aplatissant sur l'asphalte, tout ça pour voir l'objet de ton amour prendre ses jambes à son cou avec la main sur le nez ?
Même ton cœur fait *fuir.*

Est-ce que ça fait mal de mourir ? Davantage que vivre, je veux dire.

Je suis ma pire ennemie et je trouve cette pensée réconfortante parce que ça veut dire que *la mort portera mon visage.* Mourir sera comme rentrer à la maison après un voyage auquel je n'ai jamais demandé de participer. La mort portera des vêtements noir corbeau, ou peut-être jaune soleil comme le pull dans lequel j'aime m'envelopper en ce moment.

Je suis ma pire ennemie, mais parfois je suis mon seul soleil. L'ironie est cinglante, comme un jet de citron sur une coupure. Ça brûle *mais ça ne me réchauffe pas.*

Puis-je m² achever
avec une évidence ? J'ai toujours pensé que je mourrais jeune,
assassinée par mes propres mains. Elles font tout tomber

les fourchettes

        l'amour

                les clefs

                        les bébés

la légèreté

        l'espoir

elles laissent   T O U T
                tomber
sauf
les ***objets tranchants***

ceux-là ne rateraient pas mes veines, ni ma nuque
ni l'occasion de me précipiter
dans l'abîme.

(et c'est probablement une bonne chose car je n'ai pas de service client, et si j'en avais un il serait probablement foireux. Personne ne répondrait au téléphone hormis des parasites épais comme de la neige, et je finirais par me noyer dans l'attente désespérée d'une aide dont je ne voulais même pas au départ).

The youngest widow alive

for Karan & Laura

In a scattered crowd of long-padded coats and two-tier scarves/ she's wearing nothing but a long dress / ivory-lace / and a see-through veil / which for some weird reason / makes you think of a mosquito net / only crazy expensive and she looks *priceless* / she's holding the bus bar with bare knuckles gone / diamond-white / staring at the road ahead with hollow eyes /like windows of an abandoned house

and you suddenly notice the tiny-but-too-big-for-lace holes in her dress / their rims *singed* / like stars leaving the sky without a warning / without a goodbye / leaving nothing but the ghost of their silhouette behind

is she a runaway bride or

the youngest widow alive?

What kind of fire ate away at her dress /less & less white as the shrinking sun plunges in the sky / more & more scarlet meets cold coal /like loneliness meets long gone happiness

like *night kisses twilight*

to death

La plus jeune veuve vivante

Dans une foule clairsemée de doudounes intégrales et
d'écharpes à deux étages / elle tranche dans une robe fourreau /
de dentelle ivoire / et son voile translucide / pour une raison
étrange / me fait penser à une moustiquaire / hors de prix mais
elle / a l'air d'une reine / elle serre si fort la barre du bus que ses
jointures sont blêmes / et dures comme du diamant / elle
contemple la route avec une fixité de vitre / de fenêtre de
maison abandonnée

je remarque soudain les trous
minuscules-mais-trop-larges-pour-de-la-dentelle   qui
émaillent sa robe / leurs rebords *brûlés* / comme si les étoiles
avaient quitté le ciel sans crier gare / sans un au revoir / ne
laissant rien derrière elles hormis / le fantôme de leur
silhouette

Qui est - elle ?

Une mariée en fuite

ou la plus jeune des veuves ?

Quel genre de feu a pu ainsi dévorer sa robe / de moins en
moins blanche à mesure que le soleil plonge à l'horizon / de
plus en plus cramoisie / charbon refroidi / solitude enlacée avec
le spectre du bonheur

Nuit embrassant le crépuscule

jusqu'à son dernier soupir

These are the things we don't talk about

(after Caitlin Colon)

how your jokes sound like gunshots / spreading deadly silence
every time they miss their aim

how i don't laugh ~~anymore~~ / when i find them offensive / how
the sadness buried in your eyes / paper-thin shadow darkening
the edges of the black / hardens your jaw & tangles my vocal
cords into a spiky ball / like the weird fish you don't want to
meet in the abyss of the sea / when your words crash against ~~a~~
my wall of silence

how you think i'm too sensitive / *(like my whole generation)* / yet
you're the one feeling hurt / but growth hurts / and the truth
hurts too / sometimes / the raven won't stop cawing just
because you think its melody sounds broken
how i believe there's no such thing as being too old to grow /
*(look at the weeping willows slow-dancing around / pushing
against the sky / blue or grey / every day)*

how i know you love me / deeply / in an almost hidden way /
how i hope you know / i love you too / even though no one
ever says these words in this family / i love you & i won't laugh
when i think it's not funny / & i hope you can meet me here /
eventually

Les choses dont on ne parle pas

(inspiré par Caitlin Colon)

Le mot omerta.

Tes blagues qui résonnent comme des coups de feu / et le silence de mort / chaque fois qu'elles ratent leur cible / moi

J'ai arrêté de rire quand je les trouve blessantes / la tristesse enterrée au fond de tes yeux / est un fantôme qui assombrit le noir de tes pupilles / durcit ta mâchoire & noue mes cordes vocales en une boule d'épines / comme ce drôle de poisson que personne ne veut croiser dans les abysses de l'océan / quand tes mots s'écrasent sur le mur de mon silence

Tu penses que je suis trop ~~sensible~~ susceptible / *(comme toute ma génération)* / et pourtant c'est toi qui t'offenses / mais évoluer fait mal / la vérité blesse aussi / parfois / le corbeau ne cessera pas de croasser juste parce que tu trouves que sa mélodie te casse les oreilles / je veux croire qu'on est jamais trop vieux / pour évoluer / *(vois comme les saules pleureurs qui se balancent autour de nous / poussent ~~vers~~ le ciel / bleu ou gris / chaque jour)*

Je sais que tu m'aimes / profondément / presque en secret / j'espère que tu sais / combien moi aussi / je t'aime / même si personne n'emploie ces mots dans cette famille / je t'aime et je ne me forcerai pas à rire quand je ne trouve pas ça drôle / & j'espère que tu sauras me rejoindre ici / un jour

Mum used to call me octopus / but i think leaving prints
everywhere / couldn't be more human

Mum used to call me octopus
cause there'd be traces of me   e v e r y w h e r e
in our house
(like splashes of black-blue ink in and outside the pages)

coloured pencils / bended notebooks / riddles on crumpled
pieces of paper / scarves sleeping in snake-position / piles &
piles of books precariously perched / in a rainbow of "if we fall
mum's going to be *so* mad"

picture the leaning tower of Pisa / picture me colonizing a
room / only to move on to the next / an octopus has 8 legs but i
think i ~~had~~ have more / i spread them
                                        e v e r y w h e r e

tiny tentacles of "I was there"   & "oh there too"
                                  & "there"
& "here's a drawing for you"
                                  & " i was cold but now i'm
not"
        & I keep doing that, you know

as if i feared i'd disappear / if there were no traces of me
left
     a n y w h e r e
                    a n y m o r e

Maman m'appelait « Octopus » mais je suis convaincue que laisser son empreinte partout / est un trait très humain

Maman me surnommait « octopus »
Parce que je laissais des traces de moi   p a r t o u t
Dans la maison
(*comme des éclaboussures d'encre dans / et en dehors / des pages*)

Pluie de crayons de couleur / carnets cornés / énigmes sur des bouts de papier froissés / écharpes enroulées comme des serpents assoupis / des piles & des piles de livres en équilibre précaire / dans un arc-en-ciel de « si on dégringole, maman va être *si* fâchée »

Imagine la tour penchée de Pise / imagine-moi coloniser une pièce / et passer aussitôt à la suivante / une pieuvre a 8 bras mais je crois que j'en ~~avais~~ ai bien plus / et je les étalais

p a r t o u t

minuscule tentacules de « j'étais là »   « et ici aussi »
« et là »
« tiens, un dessin pour toi »
« avant   j'avais   froid   mais
maintenant ça va »

Et je fonctionne encore comme ça, tu sais
Comme si j'avais peur de disparaître
S'il ne reste plus de trace de moi   n u l l e   p a r t

Prelude in S minor

before the silence
(layers of black liquorice coating our skin / sealing our lips / sickly-sweet)

before the silence
there was the whispering
the pleading
the praying
baby please listen
please listen to me
but your cathedral walls wouldn't soften nor
                                        fall
you say you know me
but swimming in the same turquoise lagoon every day doesn't
mean you know
            the ocean

before the silence
my hands stroking your face
warming your polar bones
pushing gently into your skin
to make the ice melt
to make you see me *for me*
and smile
like you'd dived into the deepest of me
and come back to the surface
still smiling
still willing to dive
                again

Prélude en s(ol) mineur

Avant le silence
(*réglisse enrobant nos peaux / scellant nos lèvres / écœurant*)

Avant le silence
Les chuchotements
Les plaidoiries
Les prières
Mon cœur / je t'en prie / écoute
Je t'en prie / écoute / moi
Mais impossible de faire mollir tes murs cathédrale
Impossible de les *démolir*

Tu prétends me connaître
Mais tu peux te baigner chaque jour dans le même lagon et
toujours ignorer
                              l'océan
Avant le silence
Mes mains sur ton visage
Pour réchauffer tes os polaires
Mais mains s'enfonçant doucement dans ta peau
Pour faire fondre la glace
Pour te faire voir   *qui je suis*
Et sourire
Comme si tu avais plongé dans mes plus profondes abysses
Et retrouvé la surface
avec le sourire
et l'envie de replonger
                              encore

Swan song

"there's no such thing as a broken heart"

is that what you sing yourself to sleep
to pretend you didn't shatter me ? and *her* before

                                       me?
when you throw ice-pick-sharp words around
they're bricks bombarding a swan's nest
devastating her home
smashing her eggs - killing cygnets that weren't even born yet
(our future together / head cut off while still in slumber)

that's   D A M A G E

                             visible

unforgivable   *beyond*

                        repair

and when you choose to walk away from ~~the~~ your mess
when you hide behind your favourite voice / silence
(because you know damn well it's the ~~easiest~~ sharpest weapon)

       you do
             damage
                 too

you can cover your eyes with claws dipped in denial but still
your silence flies from your sealed lips and swoops on me /
wraps itself around my neck until my lips turn violet / and my
lungs scarlet

your apathy removes the earth under me /like a carpet that had always been yours / and don't pretend you don't see me / stumbling / slumping at your feet / gasping / a broken swan song suddenly very

very silent.

Le chant du cygne

"Ça n'existe pas, un cœur brisé »

Est-ce là ce que tu racontes avant de dormir
Pour te convaincre que tu ne m'as pas détruite ? ni *elle* avant
                                                    moi ?

Quand tu balances nonchalamment des mots
durs comme des pics à glace
Imagine des briques bombardant le nid d'un cygne
dévastant son logis
écrasant ses œufs - tuant ses enfants avant qu'ils ne soient nés
(regarde notre futur / décapité dans son sommeil)

D E G Â T S
                    palpables

                              impardonnables
                    au-delà   *du réparable*

Quand tu décides de tourner le dos à ton chaos
Quand tu te terres derrière ta voix favorite - le silence
(parce que tu sais très bien que c'est l'arme la plus ~~facile~~ mortelle)

          Quels
                    dégâts
                              aussi

Couvre-toi les yeux avec des griffes vernies de déni / ton silence saura toujours fondre / sur moi / s'enrouler autour de mon cou jusqu'à ce que mes lèvres deviennent violettes / et mes poumons / éclatent

Ton apathie efface la terre sous mes pieds / comme un tapis qui n'obéit qu'à toi / ne fais pas semblant / de ne pas me voir / trébucher / chuter à tes pieds / suffoquée / un cygne brisé qui ne peut plus chanter / soudain vraiment

vraiment muet.

Empty classrooms / empty ballrooms

Empty classrooms
               Empty ballrooms

Vacant seats
              Silent stars

Piles of snow mummify the trees
making sure the fallen leaves stay
pinned to the
           silent streets
                  & vacant cars

End of the world
            kind of feeling

Yet my heart is still
                   full of you
And she won't go
          quiet

Salles vides

Vides - les salles de classe
Vides - les salles de danse

Rues désertées
Moteurs muets
Même les étoiles se taisent
dans l'espace

La neige empilée momifie les arbres
épingle les feuilles tombées contre
les rues désertes et
les voitures gelées

Le monde a une odeur
d'apocalypse

Mais mon cœur rempli
de toi
Chante comme si
la fin
n'existait
pas

Ode to my babcia

(babcia: grandma in Polish)

Babcia was born in 1933 / the year Hitler rose to power / Babcia
lost her 18-year old sister at the age of 6 / in the same year
World War 2 started / and 2 babies before they were born /
Babcia nearly lost her sight at 50 / but never failed to pick up
when I came back angry from school
Babcia fought with grandpa in hushed Armenian, thinking we
wouldn't understand *(we didn't. but we did know she was mad)* /
Babcia didn't want to teach us because Armenian & Turkish
entwine like star-crossed lovers on her tongue / and we ~~don't~~
never talk about that in this family

no
we talk about how Aznavour is the greatest French singer of all
time *(for her husband)* / we talk about how System of a Down is
the greatest band of all time *(for teen-me)*

Babcia made us   keuftes / dolmas
              baklava

(the real deal / no honey / 100% pure liquid sugar / thick and gauzy
*like **a bride's veil melting over her lover's flame**)*

we'd stuff our face with the crispy golden & the crunchy
walnuts / painstakingly pulverized under a rolling pin

January used to be my favourite month because Babcia spent it at my parents' / *(it never occurred to me that it might mean / she wasn't happy / at her own home)*

Babcia has been a widow for nearly 20 years / and sometimes it makes me sad / most of the times it doesn't though / because she licks freedom on her lips / as if every day on her own was a piece of her legendary cake

Many years ago I made her cry / while we were painting my room in turquoise blue / because I was a newborn teenager who didn't know her words could cut / like jagged glass
(when we're young, switching from pencils to ballpens feels like the ultimate upgrade. but you can't erase ballpen words with a rubber - and sometimes, you can't erase spoken words either)

Last summer / I made Babcia cry again / I didn't see her but she told me the next day / in her cherry-red dress under the giant beech tree / dressed in baklava-gold fairy lights / I cried too and my sister from another mother joined the happy-tears-show / it was the day after my wedding day / she said it reminded her of grandpa / and the good times / because there had been good times / too / and the smile we shared / brief & sharp & blurry like sun playing with ephemeral teardrops on the leaves / still warms my heart when I feel

~~in the~~ dark

Ode à ma babcia

(babcia: mamie en polonais)

Mamie est née en 1933 / l'année où Hitler est devenu chancelier
d'Allemagne / mamie a perdu sa sœur de 18 ans à l'âge de 6 ans /
l'année où la seconde Guerre Mondiale a commencé / et 2
bébés avant qu'ils ne soient nés
Mamie a manqué perdre la vue à 50 ans / mais savait toujours
quand je rentrais de l'école énervée / mamie se disputait avec
papi en arménien étouffé, pensant qu'on ne comprendrait pas
(on ne comprenait pas. mais on savait très bien qu'elle était fâchée)
Mamie ne voulait pas nous apprendre / car turc & arménien se
mêlent sur sa langue comme des amants maudits / et on ne
parle ~~pas~~ jamais de ces choses-là dans cette famille

non
on parle d'Aznavour, plus grand chanteur français de tous les
temps *(pour papi)* / on parle de System of a Down, plus grand
groupe de rock de tous les temps *(pour l'ado en moi. l'adulte aussi)*

Mamie nous faisait   des keuftés et des dolmas
                        du baklava

*(le vrai de vrai / pas de miel / que du sucre liquéfié / épais &
diaphane comme **un voile de mariée fondant sur la flamme de son
amant**)*

On se gavait de doré croustillant & des noix croquantes /
laborieusement pulvérisées au rouleau à pâtisserie

Janvier était mon mois préféré parce qu'elle venait le passer chez mes parents / *(il ne m'est jamais venu à l'esprit qu'elle n'était peut-être pas heureuse / chez elle)*

Mamie est veuve depuis presque 20 ans / parfois cela me rend triste / le plus souvent / non / parce qu'elle savoure la liberté avec la même gourmandise que son légendaire gâteau

Il y a de nombreuses années je l'ai fait pleurer / pendant qu'on peignait ma chambre en bleu turquoise / les ados nouveau-nés ne savent pas que leurs mots peuvent couper comme du verre brisé

(enfant, passer du crayon à papier au stylo à bille est la récompense ultime. Mais les mots écrits au stylo à bille ne s'effacent pas avec une gomme -et parfois, on ne peut pas effacer les mots prononcés tout haut non plus)

L'été dernier / j'ai encore fait pleurer mamie / elle me l'a dit le lendemain / dans sa robe rouge cerise sous le hêtre immense / paré de guirlandes lumineuses / j'ai pleuré aussi et Mel m'a accompagnée / c'était le lendemain de mon mariage / qui lui a rappelé *papi* / et les bons moments / parce qu'il y en avait eu, des bons moments / *aussi* / et le sourire qu'on a partagé / vif & flou comme le soleil jouant avec les gouttes éphémères sur les feuilles après l'averse / ce sourire me réchauffe encore le cœur quand je ~~me sens~~

sombre

If it had been warmer

(inspired by a song of the 1975 / thanks to Janey)

Maybe we wouldn't have been so eager to dress each other
with our bare hands, long hair *(mine)* and burning breath.

Maybe we wouldn't have turned the music louder to cover our
wordless voices.

Maybe we wouldn't have set camp on the living-room floor,
listless and silent while we played snakes

tigers

wolves

swans

phoenixes

scattering invisible feathers
steaming exclamation points
eating them from each other's mouths
like my pasta recipe with vodka in the sauce
you can't know it's there
if no one tells you
you just *know*
you've never tasted tomatoes like these
before
slow-roasting your throat
waking up your lungs
whipping your tongue
                    back to life

like ~~ours~~ us
the floor our canvas / fingers our brushes / pulsating colours

oh look
        snow's piling on our bow window

let her sit
she'll thaw
          while we sleep

S'il avait fait moins froid

Peut-être qu'on aurait pas été si pressés de se déshabiller mutuellement / mains nues / cheveux fous / souffle ardent

Peut-être qu'on aurait pas monté le son pour couvrir nos voix sans mots

Peut-être qu'on ne se serait pas installés sur le sol du salon, immobile et silencieux pendant qu'on jouait aux serpents

tigres

loups

cygnes

phénix

répandant des plumes invisibles
et des points d'exclamation fumants
dévorant nos bouches
comme mes pâtes à la vodka
impossible de savoir qu'il y en a
si on ne te le dit pas
mais tu la *sens*
tu n'as jamais mangé une sauce tomate comme celle-là
auparavant
rôtissant doucement ta gorge
éveillant tes poumons
fouettant ta langue
                  et la ramenant

à la vie

comme ~~la nôtre~~ nous
le sol en guise de toile / nos doigts en guise de pinceaux / nos
cris en guise de pigments

regarde comme
             la neige s'empile sur le rebord de la fenêtre

laissons-la se reposer
elle fondra
             pendant qu'on dort

Ever wondered what my autopsy would look like?

(after Donte Collins)

When they cut me *open*
they'll carve the ~~biggest~~ deepest question into

my chest

Y

When they open my ribcage
they'll find a whole generation of answers
I didn't even know I had
crumpled balls of you know nothing & is this real life & all the
knives I hid inside
bottomless waste-paper baskets

They'll find the elephant in the room
a heart bigger than my two lungs put together
covered in rivers of *Styx-coloured* tears
because they never saw the light of day
piles of jokes I didn't deem worthy of sharing
and all the *i love yous* I knew you didn't want to hear
(no wonder she couldn't breathe in there / they'll say)

When they carve a deep-dead-red

Y

into my ~~snow~~ stone-cold skin

and spread ~~its~~ my wings open

They'll find a plethora of question mark stickers
all over my spine / a treasure map
pointing to the gold beneath the trauma(s)

words

so many words

in the shape of   my favourite songs

molten twilight on restless ocean
                          a jungle of violent delights
acres and acres of sunburnt ink
                    painted / scribbled / sprayed
all
over
my wallpapers
because here's the only place where writing *on the walls* was
allowed
and if *I've survived*
this long
it's because of
                    them.

Mon autopsie

(inspiré par Donte Collins)

Quand ils m'ouvriront
Ils graveront la plus ~~importante~~ profonde question dans
ma poitrine

Y

(pourquoi)

Quand ils ouvriront ma cage thoracique
Ils trouveront une génération entière de réponses
dont j'ignorais l'existence

Boules froissées de tu ne sais rien & c'est ça la vraie vie ? &
toutes les lames que j'ai gardées pour moi

Ils tomberont sur l'éléphant dans la pièce
Un cœur plus grand que deux poumons
cousus ensemble
couvert de larmes noires comme *le Styx*
parce qu'elles n'ont jamais vu la lumière du jour
Des piles de plaisanteries que je n'ai pas jugé bon de partager
et tous les *je t'aime* que je savais que tu ne voudrais pas
entendre
(pas étonnant qu'elle n'arrive pas à respirer là-dedans / diront-ils)

Quand ils graveront un   Y
Rouge profond
dans ma peau froide comme ~~neige~~ du marbre funéraire

Quand ils ouvriront grand   mes ailes de chair

Ils trouveront une infinité de post-it couverts de points
d'interrogation / tout le long de ma colonne vertébrale
pointant vers l'or sous les traumas

mes ~~maux~~ mots

tellement de mots
en forme de   paroles de chanson

crépuscule en fusion sur un océan qui ne dort jamais

jungle de violents délices

hectares entiers d'encre brûlée par le soleil

dessinés / griffonnés / tagués
partout
sur
mon papier-peint
car ici - est le seul endroit où écrire *sur les murs* était autorisé
et si j'ai survécu aussi longtemps
c'est grâce à eux.

Honey you look so tiny from the moon

Last night / sitting on the moon / legs dangling in her hazy ivory halo / I threw a glance below / and the Earth seemed so small / creamy ball clothed in yin-yangish ripples

and I remembered your voice telling me / on our Parisian balcony / *"you know, objects in the mirror are closer than they appear"* / I don't recall what I replied / I'm not sure I replied anything / I only remember your eyes / glowing in the dark / like skinny froth riding chocolate-painted waves / and the words slip through me

I know I shouldn't but
I hope you miss me sometimes
I hope your new home has an iron-wrought balcony
or a huge terrace framed with ivy
an open-air space where you can breathe
                                        freely
I hope you still drink beers
and don't drown in them
I hope you don't keep your head
                              down
I wasn't buried
            I chose fire
                        for this reason

I couldn't bear the weight of the earth / piling on me
I wanted to go where I could never live

the air   the goddamn stratosphere

                    the sky

& I hope you
often look at the moon
tirelessly waxing & waning
never dying
radiant but
cool

I hope you imagine me sitting up there / a glass in my hand
I imagine you wondering / is the crescent-shaped as comfortable as
a couch / is the moon's halo cold or warm / let it be cold for my
drink / warm for my skin

and I hope you smile at this thought

I hope you smile
            like I do

                    when I remember
                            you.

Chéri, tu parais si petit vu de la lune

Hier soir / assise sur le rebord de la lune / les jambes pendantes dans son halo / j'ai jeté un coup d'œil en bas / et la Terre m'a paru si petite / balle de tennis mouchetée de bleu & blanc

Et j'ai repensé à ta voix me disant / sur notre balcon parisien / « *tu sais, les objets dans le rétroviseur sont plus proches qu'il n'y paraît* » / je ne me souviens pas de ce que je t'ai répondu / je ne suis même pas sûre d'avoir répondu quoi que ce soit / je me souviens juste de tes yeux / étincelant dans le noir / la lune une étoile de mousse blanche sur tes vagues chocolat / et les mots m'échappent

Je sais que je ne devrais pas,
mais j'espère que je te manque, parfois
J'espère que ta nouvelle maison a un balcon en fer forgé
mieux- une gigantesque terrasse tressée de lierre sauvage
un espace à ciel ouvert où tu peux respirer
                              librement
J'espère que tu bois toujours des bières
Sans te laisser noyer
J'espère que tu gardes la tête
                    tournée vers les étoiles
Je n'ai pas été enterrée
                    J'ai choisi les flammes

Impossible d'imaginer le poids de la terre / empilée sur ma poitrine
Plutôt aller là où je n'aurais pas pu vivre

l'air   *la stratosphère entière*

      le ciel

&

J'espère que tu contemples souvent la lune
croissant & décroissant inlassablement
ne disparaissant jamais vraiment

J'espère que tu m'imagines assise là-haut / un verre à la main / et
que tu te demandes / le croissant est-il aussi confortable qu'un
canapé? / le halo lunaire est-il froid ou glacé? / qu'il soit froid
pour son verre / chaud pour sa peau

Et j'espère que tu souris à cette pensée

                           J'espère que tu souris

Comme moi

        Quand je me souviens de toi.

Love letter from the afterlife

for all the people I scared in my life
I know you're a crowd

dear mum & dad,

i'm writing you to tell you i'm fine
i know you're out there - looking for me
the flashlights poke and wheel on the back of my eyelids like
ghost-white fireflies
the dogs' barks jolt me & i wonder
does it make the snow above me   *shiver*

a little?

do you hear the snow calling out for you
because she knows i don't have a voice

anymore

dear mum & dad,
i'm so sorry
it's not your fault
you tried to warn me   over

& over

over the kitchen counter /
while applying pressure on my wrist because i thought **butter
knives** couldn't hurt / (me) / over my shoulder / every time i
crossed without looking on each side of the road / once / twice/
and almost got **sliced** like a baby tomato for gazpacho

i know the words by heart / they're still carved deep in me /
even though i'm now *cold & hard* / like bare tree bark

WATCH OUT
DON'T BE NAÏVE
BE MORE ATTENTIVE
THE WORLD IS NOT SOFT

DON'T EVER   TALK TO STRANGERS

that day i could almost hear you / *whispering* / "don't look" /
when he made my black screen light up / like a Christmas tree /
getting worried / when he suggested we'd meet / "bring the
booze - i'll bring the treats"

        pleading "don't go" / when i
didn't tell you & left quietly / the key in the door / jumped a
blood orange light in the street / the same colour as the tip of
the cigarette he threw *on top of me* / once my body was covered
in bone-white snow

        dear mum & dad,
        who knew this sad mound would be my
        headstone?
        who knew i'd be buried alone
        so far from your knowledge
        yet *so close*
                to home?

Lettre depuis l'au-delà

A tous ceux & toutes celles que j'ai déjà effrayé(e)s
Je sais que vous êtes nombreux.ses

Chers maman & papa,

Je vous écris pour vous dire que tout va bien
Je sais que vous me cherchez
Je sens les lampes torches / lucioles fantômes
Tapoter l'arrière de mes paupières
Les aboiements de chiens me font sursauter et me demander
Est-ce que ça fait trembler un peu la neige

au-dessus de moi ?

Entendez-vous la neige vous appeler
Parce qu'elle sait que je n'ai plus de voix

moi ?

Chers maman & papa,
Je suis vraiment désolée
Vous n'avez rien à vous reprocher
Vous avez essayé de m'avertir

de faire pression / sur mon
poignet quand j'ai pensé les couteaux à beurre inoffensifs / sur
mon épaule / chaque fois que je traversais la rue sans vérifier de
chaque côté / une fois / deux fois / et manqué finir tronçonnée/
façon tomate cerise pour un gaspacho

Oh je connais les consignes par cœur / elles y sont encore gravées / même si je suis devenue dure & froide / écorce nue qui ne palpite plus

FAIS ATTENTION
NE GOBE PAS TOUT
CE QU'ON TE DIT
SOIS PLUS ATTENTIVE
TU N'ES PAS DANS LE MONDE
DES BISOUNOURS

Ce jour-là
je pouvais presque vous entendre / me souffler / « ne réponds pas » / quand il a illuminé mon écran / comme un sapin de Noël/vous inquiéter / quand il m'a proposé de se rencontrer / « apporte la tise - j'apporte les friandises » /me supplier / « n'y va pas » / quand je me suis éclipsée sans vous avertir / en laissant la clef dans la porte

                              grillé un feu orange / comme le mégot qu'il a jeté sur moi / quand il a fini de recouvrir mon corps /de neige blanche comme /de l'os

Chers maman & papa,
Qui aurait pu imaginer que ce triste amas serait ma tombe ?
Qui aurait pu imaginer que je finirais enterrée si loin de chez nous
et pourtant si près de vous ?

Slussfors, Sweden, March 11th 2017
Slussfors, Suède, 11 mars 2017

Freezing skin / blazing heart / obsidian ink
Peau glacée / cœur embrasé / encre tatouée

My heart is (part II)
Burn burn burn - *illustrated by Ana Ribacoba Díaz*
O(bnoxious) Z(eal) - *illustrated by Ana Ribacoba Díaz*
Emergency haikus
Nights last longer in winter & my nightmares too
I spit flowers for breakfast but you keep asking me to feed you
Cupid carries a gun
How did it sound / when your heard your heart shatter
You're missing me & i'm just missing - *illustrated by Johanna Rawlings*
Submerged in water
Easy ways to break my heart
Nothing great ever happened on a Tuesday
Too late comes knocking at the door
The girl with a match dies (out) in this one - *illustrated by Johanna Rawlings*
Ilomilo (my heart is not a boomerang)
Do you still?...
I never was a river for you - I was a fucking ocean
Fragments in my hands
I hold your body in my poems and I don't know how to let go
I don't know what I am but certainly not red velvet cake - *photo by Mel Laurens*

My heart is (part II)

my heart is B I G

        beating

LOUD   barely able to fit between my ribs

        bleeding when she kisses the bones too hard and they
stab her
        back

my heart is not meant for a jewellery box
                or a bell jar

you can call yourself a hunter
but don't you forget the name my mother
gave me
(goddess
of all hunters)

my heart is ebony-hard
        ivory-sharp
          wrapped in crimson snow

burning slow
yes
but not ready to thaw
yet

Anatomie du cœur (partie II)

Mon cœur est un tambour bruyant

battant

à l'étroit entre mes côtes
saigné à blanc
quand il serre mes os de trop près

Mon cœur n'est pas fait pour être mis en boîte ou
dans un cercueil de
verre

Chasseur
N'oublie jamais le nom que ma mère m'a donné
(déesse chasseresse)

Mon cœur est dur comme l'ébène

coupant comme la glace

brûlant sous la neige écarlate

brûlant
lentement
mais pour
l o n g t e m p s

Burn burn burn

(inspired by Florence + the Machine)

My father looks at me in dazed disbelief / he wonders when his little girl became *so angry* / at a world that doesn't look *that* bad to him

My mother keeps a straight face but I catch a spark in her eyes/ I remind her of *her* / before she was a mother / when she'd eat *fire* for breakfast and never / chew on her tongue for quiet's sake

My other half wonders how the fairy lights I came with / coalesced into the skin he's stroking now / combusting / torch-like

and I / in the moonlit mirror / I wonder how / why / it took me so long to listen to the choirs in my head / calling for battle / telling me dragons don't dress up as cattle / they wrap black skies / in fire

I might lose the fight / and ~~the love of~~ all of my closest allies / but dragons don't fly in flocks / and no matter how hard I try / to squeeze the bathroom sink / cold & smooth like snow *turned into stone* / the fire still roars / the choirs keep ~~stinging~~ singing

Snow White's done playing dead under a glass ceiling / she breaks it instead / singing as loud as a cathedral soloist

BURN

BURN

BURN

Brûle, brûle, brûle

(inspiré par Florence + the Machine)

Mon père me fixe avec une incrédulité médusée / se demandant probablement comment sa petite fille peut se sentir *si furieuse* / contre un monde qui ne lui paraît *pas si mauvais*

Ma mère garde un visage de marbre mais je capte une étincelle dans son regard / rappel d'*elle-même* / avant d'être mère / quand elle buvait du feu au petit-déjeuner / et qu'elle n'aurait jamais mordu sa langue / au nom de la paix

Ma moitié se demande comment les guirlandes lumineuses dont j'aime me sangler pour les soirées de Noël / ont fondu dans la peau sous ses phalanges / ardente comme une torche

Et dans le miroir baigné de lune / je me demande comment / pourquoi / il m'a fallu aussi longtemps pour écouter les chœurs dans ma tête / m'appelant au combat / me rappelant que les dragons ne se déguisent pas en bétail / ils enflamment les cieux

Peut-être que je perdrai la bataille / et ~~l'amour de~~ mes plus proches alliés / mais les dragons ne volent pas en troupeau / et j'ai beau serrer le lavabo de la salle de bain / froid & lisse comme de la neige métamorphosée en pierre / le feu persiste à brûler / les chœurs s'entêtent à me ~~hanter~~ chanter

Blanche-neige n'a plus envie de faire la morte sous un plafond de verre / elle le disloque et entonne / cathédrale à elle toute seule

BRÛLE

BRÛLE

BRÛLE

O(bnoxious) Z(eal)

You mistook my name for Dorothy / confused my love for glitter / splashed on hardwood floors at parties / with a fascination for shiny things

So / you offered me dazzling disco ball stilettos / dipped in the darkest crimson / *"as dark as your lovely soul"* / I remember you slipping these weird words in my ear / before tattooing my naked neck with your canines / hungry / not for me / but for *control*

I tried to tell you / the bright red on my stilettos / came from my crushed toes / but you wouldn't listen / no / you chose to throw your head back / chuckling / unfazed / *"my little dark drama ballerina"* / with a half-godlike half-greedy smile

Hungry vampire trying to be a wizard / you crushed your hard-cold lips against my brittle jaw / urging me to thank you for this / the ultimate present / a golden carpet / you had custom made for me / and it took me all I had / my oxygen / my very bones / the skin on my face / burning under your eager breath / to tear myself away from you / because if hell is paved with good intentions / we're dancing right on it / you / displaying me like a glossy rose clothed in finery / reeking of "don't I treat you right?" / *"aren't I the best you ever had?"* / "what / *who* / else could you possibly need?"

Can't you see / you otherworldly thing/ we're dancing on flames draped in gold / licking my overpriced slippers and combusting me to my core / no wonder you call me your lovely dark soul / you keep me that way / feeding me with gems pretending to be the sun / minted air conditioning mimicking my lung's favorite food / but nowhere near as pure

You tried hard / wringing my wrists and clasping them in diamond-clad handcuffs / to keep me close / endlessly warning me / of the raw & the wild outside / strangers' bad intentions and wolfish eyes / unaware that anything else / *anywhere else* / smelled like paradise / compared to this fake party / this agonizing yellow brick road /

leading me nowhere

O₂ secours

Tu as dû confondre mon nom avec celui de Dorothée / et mon affection pour les confettis qui constellent les parquets en soirée / avec une fascination morbide pour les choses qui brillent

Alors tu m'as offert une paire d'escarpins plus aveuglants que des boules à facette / rouge sang / « *aussi sombres que ton âme adorable* » / je me souviens encore de ces mots absurdes glissés dans mon oreille / juste avant de tatouer ma nuque de tes canines / consumé par le désir / de me *contrôler*

J'ai tenté de te dire / que l'hémoglobine irisant mes talons aiguilles / venait de mes veines broyées / mais tu as préféré faire la sourde oreille / et rejeter / la tête en arrière / ricanant / indifférent / « ah la la, ma sombre diva » / avec un sourire mi-divin mi

vorace vampire jouant à l'apprenti sorcier / écrasant tes lèvres de pierre sur ma gorge de porcelaine / me pressant de te remercier pour ton dernier présent / un tapis doré tissé sur mesure / et j'ai dû tout abandonner / mon oxygène / mes os, même / pour m'arracher à toi / car si l'enfer est pavé de bonnes intentions / nous sommes en train de danser au-dessus / toi / m'exhibant comme un trophée glacé / corseté dans de la haute couture de poupée / me répétant / « est-ce que je ne suis pas la meilleure chose qui te soit arrivé ? » / quoi d'autre / *qui d'autre* / pourrait rivaliser ?

Tu ne comprends donc pas / nous dansons sur des flammes / dont l'or me dévore / tes trésors / me consument jusqu'à la moelle / évidemment que je suis « ta délicieuse âme noire » / tu me nourris de bijoux qui prétendent imiter le soleil / d'air conditionné imitant à la perfection le carburant préféré de mes poumons / mais je vois clair au travers de tes mirages

Tu as tout essayé / menotter mes poignets de diamants / pour me garder près de toi / m'avertir sans arrêt / de l'âpreté du monde extérieur / des inconnus aux intentions létales et au regard sauvage / inconscient que n'importe quel ailleurs / a un arôme de paradis / tout plutôt que cette fête factice / cette ~~banque~~route de briques jaunes / qui ne me mène nulle part

Emergency haikus

for C. Diane, my favourite Scorpio muse

women are oysters
meant to open up and smile
on your cue - you ~~say~~ wish

honey our lips hide not pearls
but tongue-shaped blades - and
when they sing, they slay

Haikus à toujours avoir sur soi

pour Grace

Les femmes sont des huîtres
faites pour sourire et s'ouvrir
à ton désir, dis-tu ?

pas de perles sous nos lèvres
mais des lames en forme de langue
et quand elles chantent, elles tuent.

Nights last longer in winter & my nightmares too

he's ~~sleeping~~ slipping away from me
or maybe it's me?
i pretend i'm okay
but the night won't have it

> *there's a strict no-bullshit policy*
> *between these navy-blue sheets*

so when i slip into bed with my eyes closed
cause i know he's already asleep
his bare back facing me / without my name on it
the night greets me in velvety arms
only to
    retaliate

pistachio-coloured shoelaces swim in my pasta
and my fingers drop everything they touch
i'm Saturn surrounded by hazy topaz rings sounding like
 woooosh
            splashhhh
                        B A M

i'm trapped in a children's film
threatening to become a horror one any minute

crouching to pick up my spaghetti-wrapped fork
                                    & my dignity
i stop, i -

(oh dear)
sneaky spider legs are glued to the belly of rusty pipes
and my wristwatch fills the air with its sick tick-tick

i wish it'd melt like in Dali's painting
but instead it goes off and

rings rings rings

i'm late
everybody's silent & seated already
around the mahogany table
i climb
            hands shaking
                        snaking through the over abundant
crystal
brain screaming
"you're going to break things **again**"
yet here i am
in one heart-pounding piece
on the alligator-long silver plate with my name on it
crowned by lettuce leaves
ready to be seasoned / sliced / oil-drizzled and devoured by
forty-two hungry knives
under a supernova-sized chandelier
this finally feels like what it is
                                    a nightmare
and i whisper to myself

                        *"tout va bien, je vais me réveiller"**

* : *everything's fine, i'm going to wake up*

Les nuits sont plus longues en hiver – mes cauchemars
aussi

Je crois qu'il est en train de m'échapper
ou peut-être est-ce le contraire ?
Je fais comme si tout allait bien
mais la nuit n'est pas si crédule

il est strictement interdit de mentir
entre ces draps bleu marine

Alors quand je me glisse dans notre lit, les yeux
fermés parce que je sais qu'il dort déjà
le dos tourné vers moi / mon nom absent de sa peau nue
La nuit m'accueille dans ses bras de velours
et prétend me consoler pour mieux me

punir

des lacets de chaussure couleur pistache flottent dans mes pâtes
et mes doigts font tomber tout ce qu'ils touchent
je suis Saturne assiégé par des anneaux jaune topaze qui
émettent des

woooosh

splashhhh

B A M

je suis prisonnière d'un dessin animé
qui menace à chaque minute de basculer
dans

l'horreur

je m'accroupis pour ramasser ma fourchette

et ma dignité

je me fige, je -
(oh mon dieu)
il y a des pattes d'araignées collées sous les tuyaux rouillés
et mon bracelet-montre emplit l'air de son tic-tac agaçant
si seulement il pouvait fondre comme dans le tableau de Dali
mais non

il se met à sonner sonner sonner

je suis en retard
tout le monde est assis en silence autour de la table
en acajou massif
je l'escalade   les mains tremblantes
me frayant un chemin dans un labyrinthe de cristal & de métal
mon cerveau hurle
« tu vas **encore** tout casser »
et pourtant je suis là
en un seul morceau palpitant
sur le plat en argent long comme un crocodile gravé à mon
nom
couronnée de feuilles de salade
prête à être assaisonnée / coupée en rondelles/ arrosée d'huile
et dévorée par quarante-deux couverts affamés
sous un chandelier de la taille de Jupiter
j'ai enfin l'impression d'être là
où je pensais être

un cauchemar

et je soupire tout bas

« tout va bien, je vais me réveiller »

I spit flowers for breakfast but you keep asking me to feed you

"Good morning" you say
with a sun-haloed voice
(an ethereal winter sun. tired and pale and barely there)

When my lips split open
i cough & choke
and my eyes see
liquid red
not liquid — creamy like the inside of a peony
and there it is
lying still on the kitchen table

velvety & delicate
                    & very *very* red

a flower petal as deadly as a broken shell

i raise a trembling hand to my lips
and when i pull it back my fingertips are
smeared in *rouge*
that isn't mine

and you're not mine either
haven't been for a long time
but you keep greeting me every morning
with a paler / colder / one-step-closer-to-dying / sun

our kitchen's on Lapland time
and one day the night

never   ends

the petals i cough up for breakfast
become obsidian-black
the lipstick thickens
tries to tape my mouth shut
but you keep pretending and i keep playing
my part
until the curtains fall hard
on me
on us
and when the lights come back
only silence greets our performance
cold & hollow
like the gaping heart-shaped hole between my
ribs
exposed
and this time no roses are thrown on stage

I've swallowed them ~~all~~ whole

again

Je tousse des fleurs en guise de petit-déjeuner

"Bonjour"
dis-tu avec une voix ourlée de soleil
(mais un pâle soleil d'hiver ~ épuisé, éthéré et presque transparent)

Mes lèvres s'ouvrent pour te répondre mais
Je tousse, je m'étrangle
Mes yeux s'emplissent de mousse
rouge
douce comme le creux d'une pivoine
et soudain plus rien ne bouge hormis
sur la table de la cuisine

velouté, délicat
          & très *très* écarlate

Un pétale de fleur plus mortel qu'un éclat de coquillage

Je lève une main chancelante vers mes lèvres
Et quand je la retire, le bout de mes phalanges
est maculé de rouge
Qui n'est pas à moi

Tu n'es pas à moi non plus
Ça fait longtemps, d'ailleurs
Mais tu continues à me saluer chaque matin
Soleil toujours plus glacial / spectral / expirant

Notre cuisine est sur le fuseau horaire de la Laponie
Et un jour la nuit
   ne finit pas

Les pétales que j'ai expulsés au petit-déjeuner
deviennent noir ébène
mon rouge à lèvres imaginaire s'épaissit
me bâillonne
mais tu continues à faire comme si de rien n'était et je te suis
dans ta ~~tragi~~ comédie
jusqu'à ce que les rideaux s'abattent
sur moi
sur nous
et quand les lumières se rallument
seul le silence applaudit notre performance
glacé & vide
comme le gouffre en forme de cœur
béant entre mes côtes

personne ne jette de roses sur la scène

   je les ai ~~toutes~~ avalées

    toutes crues

Cupid carries a gun

Here — you stayed because Cupid carries a gun
and aimed straight at you
and you didn't try to run
no — you spread your arms
                    w   i   d   e   against the wall

you look at the anthracite barrel
straight into its cyclops eye
talking in smoke
and   *f r e e z e*

you expected Cupid to wear scarlet-splashed wings
not gunmetal-rimmed glasses / crooked and almost / funny
the single bullet went straight into your heart
                              t h o u g h
a butter knife in melted ice
a crimson flower
                    s t r e t c h i n g
between your ribs
a cursed forever painted in shades of premature
death

here — you stayed, yes
because **Cupid made you**
and i
taste no triumph on your tongue

Cupidon a troqué son arc pour un flingue

Ici — tu es resté parce que Cupidon possède un pistolet
et le pointe droit sur toi
et tu n'essaies pas de t'enfuir
Non — tu écartes les bras

comme des ailes - dos au mur

Tu fixes le canon anthracite
plantes ton regard dans son œil aveugle
qui ne sait parler qu'en poudre & fumée
et   *tu te figes*

Tu t'attendais à ce que Cupidon ait les ailes éclaboussées de
sang / pas des lunettes cerclées de métal / tordues et presque /
tordantes
Pourtant il a suffi d'une balle à bout portant pour que ton
cœur
se perfore

fleur écarlate

q u i   s ' é t a l e
entre tes côtes
« *pour toujours* » maudit
peint à la bombe
couleur mort prématurée

Ici — tu es resté, oui
parce que Cupidon t'y a obligé
et ma langue n'a pas un goût de triomphe
mais plutôt de

C E N D R E

How did it sound / when your heard your heart / shatter

how did it sound / when your heard your heart break
paper crane kissing the floor / water bomb swallowed whole by
the ocean?
or something louder / something messier
garish blood lines tarnishing the marble / two hundred and six
bones shattering at the bottom of the sun-bleached canyon

paper crane kissing the floor / water bomb swallowed whole by the ocean
if he'd faced you / taken your face in his stone-cold hands /
given you one last kiss / maybe it would have sounded like this
*angry blood lines on the marble / two hundred and six bones shattering at
the bottom of a canyon*
boy / these don't even begin to cover the cacophony / the
agony / the earth vanishing beneath your feet when he -

*if he'd faced you & taken your face in their stone-cold hands & given you
one last kiss*
your heart would still have broken / but gently / like a ripe
apricot dying to be eaten
a shadow of a sound instead of this / *cacophony* / the *agony*
clenching your throat / *the earth* leaving you, too
leaving you to F
        A
          L
            L   into a bottomless well of
overthinking
reverberating your endless

               why why why?

he'd still have broken your heart, but in a decent way /
devouring the apricot but /licking his lips *clean* /afterwards
not this sticky sanguine mess / apricot turned into blood
orange /ticking time bomb stuck in your burning throat

you'd be wandering in your empty house /tracing the shadows
of your memories on the walls / & the earth would still be
there/ carpeted with silence / as smooth as untouched snow /
not with blood-red cacophony /not with bone-white agony
grief would engulf you in gentle cotton candy / and you'd
think he was just a boy, and you /just not the one for him

you wouldn't feel like he ripped your heart off your chest and
clothed your bare skin with your own /*blood*
he would have left /your house /but left ~~it~~ you clean
grief would engulf you in gentle cotton candy and you'd watch him
leave /head shaking / not bones /thinking calmly /well *he was
just a boy /not meant for me*

and you would have simply shut the door on your story / not
boarded up the whole house / with diamond-hard nails and a
mouth shut tighter than a stitch

still oozing

bad blood

le fracas d'un coeur brisé

Quel bruit ça fait / le fracas d'un cœur brisé ?
Oiseau de papier qui embrasse le sol / bombe à eau engloutie par l'océan ?
Ou est-ce plus tonitruant / moins propre ?
Lignes de sang criard zébrant le marbre / deux cent six os allant s'écraser au fond d'un canyon blanchi par le soleil ?

Oiseau de papier allant embrasser le sol / bombe à eau engloutie par l'océan
S'il t'avait fait face / s'il avait pris ton visage entre ses paumes de pierre / s'il t'avait donné un dernier baiser / peut-être que ça n'aurait pas ressemblé à ça
Lignes de sang hurlant zébrant le marbre / deux cent six os allant s'écraser au fond du canyon
Et encore / ces images suffisent à peine à décrire la cacophonie la souffrance / la terre s'évanouissant sous tes pieds quand il -

S'il t'avait fait face et pris ton visage entre ses paumes froides et embrassé une dernière fois
Ton cœur se serait quand même brisé / mais tendrement / comme un abricot mûr mourant / d'envie d'être dévoré
Le fantôme d'un bruit plutôt que cette *cacophonie / la souffrance* enfonçant ses griffes dans ta gorge / *la terre* te quittant elle aussi
Te laissant   TOMBE
                                   R

Dans un puits sans fonds
de questions sans réponses

faisant ricocher tes   *pourquoi / pourquoi / pourquoi ?*

il t'aurait quand même brisé le cœur, mais décemment /
dévorant l'abricot mais / se nettoyant les lèvres / après
pas cet affreux carnage / l'abricot métamorphosé en orange
sanguine / bombe à retardement coincée dans ta gorge
incendiée

Tu errerais dans ta maison hantée / traçant les contours de tes
souvenirs sur les murs / et la terre serait toujours là / tapissée de
silence / aussi lisse que de la neige vierge / pas une *cacophonie*
striée de rouge sang / pas cette *souffrance* brute comme de l'os
Le chagrin t'enroberait de barbe à papa / et tu te dirais qu'il
n'était qu'un homme, et toi / pas la bonne pour lui

Tu n'aurais pas l'impression qu'il t'a arraché le cœur et repeint
ta peau nue de ton propre / *sang*
Il aurait quitté / ta maison / mais il l² t'aurait laissée propre
Le chagrin t'enroberait de barbe à papa et tu le regarderais partir /
secouant la tête / pas tes os / songeant calmement / ce n'était
pas un homme / pour moi

Tu aurais simplement refermé la porte sur votre histoire / et
non barricadé la maison du sol au plafond / avec des clous durs
comme du diamant et une bouche cousue plus étroitement
qu'une ligne de points de suture
                    toujours rougie

par la rancune

You're missing me & i'm just missing

it started off like a spider bite / a tiny angry mark burning between my breasts / an annoying itch that shouldn't be scratched or / i'd get sick(er) / so we wouldn't look at it / when you slipped off my clothes / your lips always made a little detour / whenever they traced my contours from neck to / *cloud nine*
and whenever you asked / i said i was fine / with a quick smile / but the coral pink got sulphur-yellow / with a black halo

you tried to drown the noise / spreading layers over layers of silence in our house / swallowing oysters until you'd get ill / *i stopped eating and you didn't notice* / you were too busy/ drowning in the deafening quicksands of not knowing/ engulfed in grief / feeling it was coming for us

la fin
blurry but
certain like sunset swallowing the pastel pink sky
until one evening / gazing at the heartbreakingly pure
colours of twilight / *i stopped shivering*

and your heart missed a beat / noticing the empty space on our bench / the full glass next to yours / *old habits carve themselves deep in bones* / and you stroked the shadow / on your ring finger/ as empty as your glass

and you tried hard / ***ginvoking me*** every night / baby i wish i could have replied
but the missing can't speak

Qu'est-ce qui te manque – moi ou l'absence de moi ?

Ça a commencé comme une piqûre d'araignée / minuscule boursouflure brûlant entre mes seins / démangeaison agaçante à ne pas toucher sous peine / de voir mon état s'aggraver / alors on l'a ignorée / tes lèvres la contournaient toujours / quand elles traçaient mes contours / de la nuque jusqu'au / *septième ciel* Et chaque fois que tu me demandais / je répondais / « tout va bien » / avec un sourire furtif / mais le rose corail est devenu jaune souffre / avec un bizarre halo noir

Tu as essayé de noyer le vacarme / étalant couches sur couches de silence dans notre maison / avalant des huîtres jusqu'à t'en rendre malade / *j'ai arrêté de manger et tu n'as rien remarqué* / trop occupé à te noyer dans les sables mouvants / assourdissants d'angoisse / tu savais qu'elle nous guettait

la fin

floue mais certaine comme le coucher de soleil engloutissant le pastel du ciel / jusqu'à ce qu'un soir / pendant que l'on contemplait les couleurs belles à fendre le cœur / *j'arrête de trembler*

Et ton cœur a manqué un battement / l'espace vide sur notre banc / le verre plein à côté du tien / *les vieilles habitudes ne nous quittent pas facilement* / tu as caressé l'ombre / sur ton annulaire / aussi vide que ton verre

et tu as essayé / de toutes tes forces / de me faire revenir chaque soir / et j'aurais tant aimé pouvoir te répondre

mais je ne suis plus là

Submerged in water

Breathe
(the water tastes like cold knives coated in too much salt)
Breathe
              Breathe
(it's not water / but layers of aquamarine piling on me / falling on me / crushing me like ruthless emerald)

"you're screwed you're dying soon you'll be drowned"
(oh great / panic sends me its flock of shrieking gulls)

Don't listen to them
                         Keep breathing
(easy for you to say / safely tucked in the warmest corner of my mind / it's not your skin getting ragged and bleached / not your bones / stuck / banged together like brittle dice in a marble-hard cup)

Baby
        Baby please stay with me
(your voice is cool but your eyes / your eyes give you away)

Baby keep breathing stay with me kick your legs
(i don't kick i / i flutter / the angry birds keep squawking louder)
Baby - harder
(louder / louder)

Look - look up the air is right there!
(all i can see is a starless black)

Stay with me baby please sta -

Submergée

Respire
(l'eau a un goût de couteau enrobé dans trop de sel)
Respire
            Respire
(ce n'est pas de l'eau mais des plaques de vert-bleu qui me pleuvent dessus
comme des lames d'émeraude)

« Tu es finie tu peux dire adieu à la vie aujourd'hui c'est fini »
(il ne manquait plus qu'eux / la panique m'a envoyé ses affreux goélands)

Ne les écoute pas
                Concentre-toi sur ta respiration
(facile à dire / au chaud dans un recoin de ma mémoire / ce n'est pas ta
peau qu'on rapièce et décolore / pas tes os qu'on entrechoque comme des dés
dans un gobelet en marbre)

Mon amour
            Je t'en prie, reste avec moi
(ta voix est calme mais tes yeux / tes yeux te trahissent)

Mon amour respire reste avec moi bat des jambes
(je ne me bats pas / je palpite / et les oiseaux crient de plus en plus fort)
Plus fort
(plus fort / plus fort)

Regarde le ciel - l'air pur est juste là
(je ne vois que du noir privé d'étoile)
Reste avec moi je t'en supplie rest -

Easy ways to break my heart

-ruin black coffee with ~~too much~~ sugar

-tell me archery isn't a real sport *(especially if you're sipping questionable beer & watching "real sports" on TV)*

-remind me I'm but a teardrop in this sphere-shaped ocean and nothing I can do or say will change anything in the grand scheme of things *(I know it already / it's just easier to let this truth hibernate)*

-pour me a glass of wine and drop ice in it *(you know who you are)*

-tell me summer isn't coming back ~~this year~~ / tell me winter is early and here to stay *(which team are you on? there's only one right answer)*

-crash my computer full of unsaved poems

-tell me Taylor Swift is overrated and how can I call myself a metalhead yet know her last ~~two~~ three albums by heart *(it's called versatility and you should try it someday)*

-say therapy is for ~~weak~~ sick people and/or people with over-inflated egos *(who else would pay someone to *just* listen to them, right?)*

-put my yellow sweater in the dryer

-offer me the last piece of brownie and then / eat it before me
(you're lucky I'm against the death penalty)

-make me re-watch Boromir's death *(worse: make me re-watch
Boromir's death without shedding a tear and even sneering "well
he had it coming anyway, what a lousy character")*

-mistreat this book *(dog-earing, highlighting, sleeping with her
don't count / in fact they're encouraged)*

-tell me I have too much empathy / and too much of anything
is never good *(thank you genius, I had no idea)* / life is a washing
machine that never stops spinning and the only way to survive
is to let go / let yourself tumble and get soaked and sucked dry
like a raisin / think of the ocean / fighting the waves never
saved anyone / pretending they're not there either / and
there's probably some quintessential truth there / but tell me

> *if life's a washing machine*
> *why can't we ever come out*
> *clean?*

13 façons faciles de me briser le cœur

-gâcher mon café avec ~~trop de~~ du sucre

-dire que le tir à l'arc n'est pas un vrai sport *(surtout en sirotant une bière de base devant un « vrai sport » à l'écran)*

-me rappeler que je ne suis qu'une goutte d'eau dans cet océan en forme de sphère, et rien de ce que je peux dire ou faire ne changera quoi que ce soit à l'échelle cosmique *(je le sais déjà, merci, c'est juste plus facile de laisser cette vérité hiberner)*

-me servir un verre de vin et le ruiner avec des glaçons *(vous savez qui vous êtes)*

-dire que l'été ne reviendra pas ~~cette année~~ / dire que l'hiver est en avance et pas prêt de partir *(quel est ton camp ? il n'y a qu'une seule bonne réponse)*

-faire planter mon ordi avec tous mes brouillons de poèmes non sauvegardés

-dire que Taylor Swift est surcotée et puis d'abord comment peux-tu dire que tu aimes le métal alors que tu connais ses ~~deux~~ trois derniers albums par cœur *(ça s'appelle la diversité et tu devrais essayer)*

-dire que la psychothérapie c'est pour ~~les faibles~~ les malades et/ou les gens à l'égo surdimensionné *(qui d'autre paierait *juste* pour qu'on les écoute parler, hein ?)*

-mettre mon pull jaune dans le sèche-linge *(mettre n'importe lequel de mes pulls dans le sèche-linge, en fait)*

-me proposer la dernière part de gâteau au chocolat puis l'engloutir devant moi *(une chance que je sois contre la peine de mort)*

-me faire revoir la mort de Boromir *(pire : me faire revoir la mort de Boromir sans verser une larme et oser ricaner « pff ça devait finir par arriver, c'est tout ce qu'il mérite »)*

-maltraiter ce livre *(corner ses pages préférées, le surligner, dormir avec lui ne comptent pas – au contraire, c'est vivement encouragé)*

-me dire que j'ai trop d'empathie / que rien n'est bon en excès *(sans blague)* / la vie est une machine à laver qui n'arrête jamais de tourner et la seule façon de survivre / est de se laisser emporter / se laisser ballotter, détremper et assécher comme un grain de raisin / regarde la mer / lutter contre les vagues n'a jamais sauvé personne / les ignorer non plus / et il y a probablement une vérité essentielle cachée sous cette pile d'observations / mais dis-moi

Si la vie est une machine à laver

Pourquoi n'arrive-t-on jamais à en sortir

propre(ment) ?

Nothing great ever happened on a Tuesday

Today i discovered
that they discontinued your favourite energy drink
(which would have done your body a favour, really)

that there was **a total eclipse** /but i didn't see the difference
(darkness drapes my eyes all the time. it's a curtain impossible to draw)

Today i realized
i still sleep in the shirt you gave me the first morning /we woke
up in a mish-mash of pillows, sweaty collarbones & frozen
leaves
(a weird combo we didn't bother solving, too busy exploring each other's skin)

its colours have faded into a ~~you~~ hue that doesn't even exist & **i
don't really sleep** i wrap myself in sheets tattooed with your
name & i lie there waiting for **the sun** to knock at my door
again wondering if it'll be different the next day & waiting
& it seems all i do **is wait**
(except waiting for you. i know this ship has sunk deep into the sea)

Today i'm sick
of waiting
it's not living /it's sleepwalking
(i'm afraid one day i'll trip on a nightmare & never come back to the surface)

so i climb out of bed / cook food but it **tastes like shoe dipped in parrot stew** / throw jokes around but they fail

to stick in the air / there's no sun for them to gravitate around / they all plummet / fall back on my face / ringing in my ears / *"you suck you suck you suck so much"* / with the voice of my least favourite Donald on Earth / (the one who's no longer leader of the US) / and i wince

even the ducks forgot
to come to the pond today
and i thought i saw you / behind the mammoth magnolia
so i tried to reach you but only caught
the flu

it gets so heavy sometimes
you know

to be a black hole dressed in sunny wool

Rien d'extraordinaire ne s'est jamais produit un mardi

Aujourd'hui, j'ai découvert
qu'ils ont arrêté de produire ta boisson énergisante favorite
(ton corps t'aurait remercié, tu sais)

Et qu'une éclipse totale a englouti mon village / mais pour moi
rien n'a changé
(le noir qui drape mon regard est un rideau impossible à tirer ou déchirer)

Aujourd'hui, je me suis aperçu
que je dormais toujours dans la chemise que tu m'as donnée le
premier jour / où l'on s'est réveillés dans un joyeux chaos de
coussins, clavicules chaudes & feuilles mortes
*(un drôle de mélange que l'on n'a jamais essayé d'élucider, trop occupés à
explorer la carte au trésor de nos peaux)*

Le bleu & le blanc d'origine ont fané en une teinte inexistante
& en réalité je ne dors pas vraiment, je m'enroule dans des
draps tatoués avec ton nom comme dans un suaire & je reste
étendue là, j'attends que le soleil ~~revienne~~ frapper à ma fenêtre,
j'attends que demain daigne présenter un goût différent,
j'attends & on dirait que je ne fais rien d'autre qu'attendre
*(sauf t'attendre - j'ai abandonné cette épave-là au fond de l'océan
depuis longtemps)*

Aujourd'hui, j'en ai assez
d'attendre

Ce n'est pas une vie / c'est de l'insomnie
(*j'ai peur de trébucher sur un cauchemar un jour, et de ne plus jamais retrouver le chemin de la surface*)

Alors je me suis extirpée du lit / j'ai fait retentir les casseroles dans la cuisine mais tout avait un goût de chaussures trempées dans de la soupe de perroquet / j'ai lancé des blagues dans les airs mais elles ont toutes échoué / à y rester / pas de soleil ici pour les entraîner dans sa gravité / elles me sont toutes retombées dessus comme un vieux soufflé / tintant dans mes oreilles / « *t'es nulle t'es nulle t'es tellement nulle* » / avec la voix du Donald que je déteste le plus au monde / (celui qui n'est enfin plus dirigeant des Etats-Unis) / et j'ai grimacé

Même les canards ont oublié
de venir dans leur mare aujourd'hui
et j'ai cru t'apercevoir / derrière le magnolia énorme / j'ai tenté de t'atteindre / mais tout ce que j'ai attrapé / c'est une grippe

C'est si lourd à porter
parfois
              tu sais

La sensation d'être un ***trou noir***
déguisé en   *jaune citron*

Too late comes knocking at the door

5pm on a dying Sunday
i'm peeling an orange at the kitchen table
growing darker by the second
catching myself throwing a glance at my phone
face down
so that i can't see that you still haven't called
back
when suddenly
two loud knocks shake the front door
(and my bones with it)

why do i feel like my tongue's a wriggling snake stuck behind
sealed lips / suddenly frozen
why does the orange / laid bare in front of me / look so sick /
morbid, even / a severed head covered in gauzy bandage / one
wrong move and -

BOOM BOOM BOOM

i swallow the ghastly thoughts with my breath
open just a fraction of the door
squinted eyes / horizon shrunk to a crimson line / devoured by
the chilling dark

and here they are
brighter than phosphorescent neon light
the two words i buried so deep

whenever my body begged me to

speak

move

cry   call you

dance

~~if~~ i wanted to

before

they'd come knocking on my door

Trop tard vient frapper à la porte

Cinq heures du soir, un dimanche comme un autre
Tu épluches une orange dans la cuisine
plus sombre à chaque seconde
Tu te surprends
à bombarder ton téléphone de coups d'œil curieux
l'écran face à la table
t'empêche de voir que je ne t'ai toujours pas
rappelé(e)
quand soudain
deux coups ébranlent ta porte d'entrée
(et ta volonté)

Cette sensation médusante / ta langue est devenue un serpent
piégé derrière tes lèvres serrées
Cette vision obsédante / l'orange dépouillée sous tes yeux /
livide / morbide, même / on dirait une tête tranchée recouverte
de gaze / un faux mouvement et -

BOUM BOUM BOUM

Tu ravales tes drôles de pensées avec ta salive
Entrouvres la porte
Les yeux plissés / l'horizon réduit à une ligne cramoisie /
aspirée par l'obscurité glacée

Et enfin, tu les vois devant toi

Plus éclatants que du néon phosphorescent

Les deux mots que tu as enterrés au plus profond de toi

Chaque fois que ton corps te suppliait de

parler

partir

pleurer

m'appeler

danser ~~quand~~ tu en mourais d'envie

avant

qu'ils ne viennent frapper à ta porte

TROP TARD

The girl with a match dies (out) in this one

(inspired by H. C. Andersen & T. Swift)

New Year's Eve number too-many.
Champagne should be ~~warning~~ *warming me. i should know i'm lucky.*
But the candle you gave me, the one with the house sitting on snow like a
sleepy dragon on a treasure, turning into warm gold when the flame's
glowing in the see-through wax — your candle keeps dying out. i burn my
thumb with a matchstick, trying to bring your capricious present back to
life. No one cares if i stop trying (especially you), but i do. i only have 3
matches left but letting go's never been my forte (and who knows this
more than anyone, if not you). My hands feel so cold under the
accumulating charcoal. i finally light the first of the last 3 matchsticks &

**The fire sends amber-coloured kisses my way / cheerful / blissfully
ignorant of its brief lifespan**

My love is
messy / wild / overflowing / bursting blood orange dripping all
over your mouth / cathedral choir breathing life into your
quiet sky / spilled ink splashed on sun-bleached walls / in the
shape of your name / scattered ashes dancing in the wind /
more dead than alive / but she burns / oh she burns / she's the
only thing in me not scared / of being alone / if you cut me
open / you'd see my bones are not ivory but obsidian / soot-
smelling / hourglass-shaped volcano / always running / always
running out of time

The second matchstick sparks a blue flame / hypnotizing / slow-burning / this one might live longer than expected

My love is
clingy / resilient / ivy climbing on anything she can lay hands on / *(preferably your chest)* / unable to let go / even if she should / especially when she should / she's a smart cookie but she won't listen / when i tell her we can go anywhere we want just not / home / not *this* home / oh she fights me hard / whips me with blazing blame / "what did you do / what have you done / what *didn't* you do" / chokes me / roars "why do they always end up leaving *you*" / and I remember the morning coffees / the roasted vegetables for dinner / your laughter clothing my collarbones / the timber sleeping by the wood-burner / waiting but i / i couldn't

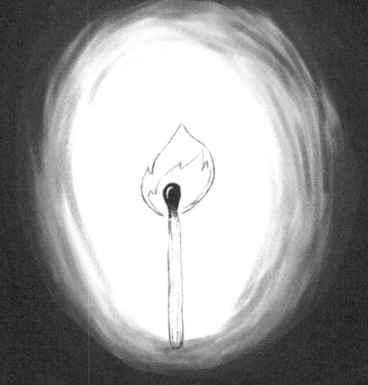

The third flame / my heart winces / the third flame wavers &
crumbles upon itself almost instantaneously / doesn't even try to
fight / the irony cuts me too deep to start laughing / my fingertips
reek of charcoal / it will take hours to clean / i'm not sure i will

My love doesn't sleep

　　　　　　　My love has lived so many lives already

The old me is dead /buried with~~in~~ thousands of other versions
beneath my ribcage /they don't breathe but god do they beat /
a crowd of birds with broken wings /a murder of crows with
hungry beaks / pounding louder than a terrified heart / who
knew fragile dead things could be so
　　　　　　　　　　L O U D

(my love doesn't sleep. my love doesn't breathe. my love's melted
wax frozen in time. milk gone ~~bad~~ hard.)

La grande fille aux allumettes

(inspiré par H. C. Andersen & T. Swift)

Nouvel an numéro « beaucoup-trop ».
Le champagne devrait me faire pétiller. Mais la bougie que tu m'as offerte - celle avec la maison assise sur son petit tas de neige comme un dragon sur un trésor, le beige devenant doré quand sa flamme palpite au travers de la cire- ta bougie ne cesse de mourir. Je tente de la ranimer mais parviens seulement à me brûler les doigts. Tout le monde s'en moque si j'abandonne (surtout toi), mais je m'entête. Il ne me reste que trois allumettes mais laisser tomber n'a jamais été dans mes cordes (et qui le sait mieux que toi). Frisson sous le charbon. J'enflamme la première &

Le feu m'envoie des baisers ambrés / joyeux / ~~insouciant~~ inconscient de sa brièveté

Quand j'aime c'est
chaotique / volcanique / débordant / une bombe d'orange sanguine qui déferle dans ta bouche / un chœur d'église qui ramène ton ciel à la vie / de l'encre qui gicle sur des murs éclaboussés de soleil / dessinant les lettres de ton nom / des cendres qui dansent dans le vent / plus mortes que vivantes / mais mon amour brûle / c'est la seule chose en moi qui n'est pas terrorisée / par la solitude / si tu pouvais voir *à travers* moi / mes os ne sont pas ivoire mais noirs / parfumés de suie / mes poumons des sabliers / tentant d'échapper à la course mortelle du temps

*La deuxième allumette lance un dard bleu / hypnotisant / brûlant
lentement / celle-ci vivra peut-être plus longtemps qu'escompté*

Mon amour est comme une plante grimpante
Coriace / vivante / s'appuyant sur tout ce qu'elle peut trouver
pour escalader / *(ta poitrine de préférence)* / incapable de lâcher
~~prise~~ / quand elle devrait / surtout quand elle devrait / elle est
futée mais n'en fait qu'à sa tête / quand je lui rappelle qu'elle
peut aller n'importe où / sauf là où elle veut / *(chez ~~nous~~ toi)* / oh
elle ne se laisse pas faire / elle me fouette de son feu furieux /
« qu'est-ce que t'as dit ? / qu'est-ce que t'as fait » / elle
m'étrangle / cinglante / « pourquoi ils finissent *toujours* par
partir ? » / je ne réponds rien / je me souviens du café le matin /
des légumes rôtis le soir / de ton rire ourlant mes clavicules / du
bois endormi près du poêle / attendant son tour / mais moi / je
ne sais pas faire ça

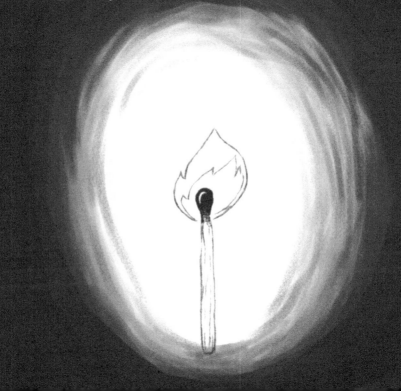

La troisième flamme / mon cœur se serre / la troisième flamme vacille & s'écroule / n'essaie pas de lutter / l'ironie est trop mordante pour que je puisse en rire / mes phalanges empestent le charbon / ça va prendre des plombes à nettoyer / je ne suis pas sûre d'essayer

Mon amour ne sait pas   s'endormir
Mon amour a vécu tant de vies déjà

La moi d'avant est enterrée / avec un millier d'autres versions / dans ma cage thoracique / aucune ne respire mais / quel vacarme / une horde de corbeaux aux ailes cabossées / battant plus fort qu'un cœur terrifié / qui aurait pu imaginer que des choses si fragiles puissent créer un tel
          REMUE-MENAGE

(mon amour ne dort pas / ne respire pas / cire fondue gelée par le temps lait qui a ~~tourné~~ figé)

ilomilo (my heart is not a boomerang)

(inspired by Billie Eilish)

i left you / eleven missed calls / and you still haven't called back/ 3 am bursts in shards of unforgiving rain / piling on my eyelashes / the night owls of Paris are finally going to sleep and i'm shaking / in the jacket you left behind / balled-up on the strobe-lighted / spilled-cocktail-and-beer sticky floor / my favourite jacket and you ~~know~~ *knew* it

i jump into a taxi / your keys poking holes into my palm / the boy who gave them to me feels like a distant memory / washed away now / like faded ink on pages left in the gutter / crying in streaks of blinded black / indigo / sky blue / pale blue / *gone you*

it's 3 am and i don't bother knocking / i just go in / i've done it so many times before / terrified you'd done something *bad* / terrified you'd be gone when i found you in your living-room / carpet waterlogged / red with your blood / blue with my devastation / *the saddest shade of purple on Earth*

but tonight you're tucked in bed / sleeping like a baby / you just left / the bar without a warning / because you felt like it / because you didn't care about telling me / and when i turned around / searching for you among the tightly-pressed silhouettes / because the speakers started blasting our favourite Arctic Monkeys song / only the empty greeted me / with a smile full of black teeth / hissing / *you've lost him* / (you've been losing him for a while)

"it's 3 am / turn off the lights on your way out!" / you shout
but i don't / i needed to be hit by the blinding white / to let
clarity bite me in the stomach / i throw the keys in your face /
and leave / the lights on

and realize / too late / i left my heart in the folds of your snow-
white sheets / to empty herself / *sanguine* & *oh so quiet* / while
you fall back to sleep

> *if only my heart had been a boomerang*
> but she doesn't know how to fly
> only how to sink and stay
>   stay

>   ——overstay

Mon cœur n'est pas un boomerang

Je t'ai laissé / onze appels en absence / et je n'entends que ton silence / trois heures du matin éclate en lourds sanglots / pesant sur mes paupières / les oiseaux de nuit de Paris retrouvent enfin leur nid et moi / je tremble / dans la veste que tu as laissée derrière toi / roulée en boule sur le sol strié de stroboscope / souillé de bière renversée / ma veste préférée et tu le *savais*

Je bondis dans le taxi / tes clefs creusent de petits trous dans ma paume / qu'il me paraît loin / impalpable / le mec qui me les as données / effacé, presque / comme de l'encre délavée sur des pages abandonnées / dans un caniveau / pleurant des rivières de noir aveugle / indigo / bleu ciel / bleu pastel / bleu *passé*

Il est trois heures du matin / je ne frappe pas, j'entre direct / je l'ai fait si souvent / avant / terrifiée à l'idée que tu aies fait une connerie / paniquée à l'idée de te retrouver sans vie dans ton salon / le tapis noyé / rougi par ton sang / bleui par mon épouvante / *le violet le plus cauchemardesque de l'univers*

Mais cette nuit tu es tranquillement bordé dans ton lit / tu dors comme un bébé / tu m'as juste laissée / seule dans le bar / parce que tu avais envie de rentrer / parce que tu n'as pas eu envie de me prévenir / et quand je me suis retournée / te cherchant au milieu des silhouettes serrées / parce que les enceintes ont fait résonner les premières notes de notre titre favori des Arctic Monkeys / seul le vide m'a saluée / avec un sourire plein de dents / sifflant *tu l'as perdu* / (tu l'as perdu depuis un moment)

« Putain il est trois heures du matin ! / Eteins la lumière ! » / tu cries / pas moi / j'ai besoin d'être frappée d'électricité / de laisser la lucidité m'électrocuter le creux du ventre / tes clefs / lancées dans ton visage / la porte / claquée / mais je laisse la lumière / allumée

Et je me rends compte / trop tard / que j'ai laissé mon cœur dans le creux de tes draps immaculés / se vider / *sanguin* & *si silencieux* / pendant que tu te rendors paisiblement

> *Si seulement mon cœur avait été un boomerang*
> Mais il ne sait pas voler
> Seulement sombrer et rester
>   rester

>   ~~trop~~ rester

Do you still?...

Do you still hide behind a beard
Do you still sing to the Arctic Monkeys every day
Does your new girlfriend sometimes stroke the ivory scar
zigzagging on your right wrist
Does she know? *(how, why, when)*
Does she know my name — too?

Do you write lyrics about her like you used to *(for me)*
Does she write poetry / do you proofread it for her
Does she keep piles of outdated first drafts on her overloaded
desk / only because your handwriting is still all over them

(ink is so much more ~~time-proof~~ reliable than people.
i always forget)

Do you still believe marriage is a useless social construct or will
she blind me with a ring
if I ever meet her?

(if I do, I'll tell her to fight as hard as I did - for you.
maybe the timing will be right
this time around)

Est-ce que tu...

Est-ce que tu te caches toujours derrière une barbe ?
Est-ce que tu chantes toujours des titres d'Arctic Monkeys
tous les jours ?
Est-ce que ta nouvelle copine caresse parfois l'éclair ivoirin
qui barre l'envers de ton poing ?
Est-ce qu'elle sait ?   *(quand, comment, pourquoi)*
Est-ce qu'elle connaît mon nom
aussi ?

Est-ce que tu lui écris des chansons comme tu le faisais
                                                (pour moi)
Est-ce qu'elle écrit de la poésie / est-ce que tu la relis
Est-ce qu'elle conserve des piles de vieux brouillons sur son
bureau débordé / juste parce qu'il y a encore ton écriture
dessus ?

(L'encre est bien plus durable que les gens.
                        Je l'oublie tout le temps)

Est-ce que tu es toujours persuadé que le mariage est une
construction sociale dépassée
Ou est-ce qu'elle m'aveuglera avec un diamant
Si je la rencontre un jour ?

(Si ce jour arrive, je lui dirai de se battre comme une lionne moi pour toi.
Peut-être que cela suffira
cette fois.)

i never was a river for you – i was a fucking ocean

for Ven

i think i always knew
>   *deep down*
the same way i know
wasps throwing their tiny bodies against my windows only have
a few hours left / cause it's goddamn November out there
the same way i know my arachnophobia will outlive me / cause
life's ironic like that

i think i knew even before a little birdy told me / how some
people stay & some people disappear / like a river does / only i
never was a river for you / *i was*
>   *a fucking O C E A N*
restless
>   chaotic
pulled by the moon tied to my name
>   yes
>   but always ***there***
licking you clean
coating you in crystal-crispy white / tasting like salty cookie
frosting / dazzling like your smile
when you first
met me
and i think i never knew how to say goodbye / never bothered
to / even when you ~~asked~~ *begged* me to / because i didn't want
to
believe you

we

were

so

fucking

young

and when you told me about the nasty C / clawing its way into you
sucking out your solar soul / a little more each night
i remember thinking how octopus
(your favourite sea creature)
has 8 arms   *3 hearts*
                    9 brains

yet *6* invisible claws were enough / to outnumber both of us

and there was nothing i could do / but be there for you / an
outraged ocean, roaring at the sky / *why her why her why not me
why don't you* **take me instead**

i think i always knew that you were the calm one for a reason /
the one who'd hold me with just a smile / as i'd stumble down
the aisle / and what i wouldn't give to hold you again

Birdy sings that "some people stay & some people disappear /
like the river does" / but i think i'm neither / i think i'm
Schrödinger's cat / both dead & alive / alive & dead   *here
but not* ~~*really*~~
                    t h e r e
                                anymore.

L'océan ne gèle pas en hiver & moi, je brûle toujours

Je crois que je l'ai toujours su
                    au plus profond de moi
un peu comme la certitude
que les guêpes qui précipitent leurs petits corps contre mes
vitres n'en ont plus que pour quelques heures / parce que
novembre sévit au-dehors
ou l'assurance que mon arachnophobie vivra plus longtemps
que moi / parce que la vie est ironique comme ça

Je crois que je le savais avant qu'un petit oiseau me dise / que
certaines personnes restent et d'autres / disparaissent / un peu
comme le fait une rivière / sauf que moi je n'ai jamais été ta
rivière / plutôt
                un OCEAN
tourmenté
                                        chaotique
tiraillé par la lune dont je porte le nom
                                peut-être
mais toujours *là*
pour te porter
pour t'enrober de sel irisé / parfait glaçage sur le plus
croustillant des biscuits / étincelant comme ton sourire
quand tu m'as aperçue pour la première
fois
et je crois que je n'ai jamais su dire au revoir / jamais essayé /
même quand tu m'as ~~demandé~~ suppliée / parce que je refusais
de te croire

on

était

si

jeunes,

merde

et quand tu m'as parlé du sale crabe dont-il-ne-faut-pas-
prononcer-le-nom / creusant sa maison sous ta peau
aspirant ton âme solaire / un peu plus chaque nuit
je me suis souvenu que la pieuvre
(ton animal favori)

      a 8 bras   3 cœurs
          9 cerveaux

Et pourtant il a suffi de 6 pinces invisibles pour nous surclasser

Et je ne pouvais rien faire / d'autre / qu'être là pour toi / un
océan outré / rugissant à la face du ciel / *pourquoi elle pourquoi*
elle pourquoi pas moi **prends-moi plutôt**

Je crois que j'ai toujours su que tu étais la plus calme de nous
deux / *pour une raison* / celle qui m'a empêché de sombrer avec la
simple force de son sourire / quand je remontais l'allée de
l'église en trébuchant / et que ne donnerais-je pas pour te
~~retenir~~ dans mes bras / une dernière fois

« Certaines personnes restent et d'autres / disparaissent /
comme le fait la rivière » / mais moi je crois que je ne suis
aucune / je suis le chat de Schrödinger / vivant & mort à la fois /
mort & vivant / en même temps / *ici*
                     mais plus vraiment **là.**

Fragments in my hands

an empty bottle of wine
(why bother pulling out a glass for a party of one)

                                        shiny candy wrappers
        gaping & crumpled

                            (like tiny sleeping bags for children
                                who are never coming back)

rust-coloured ink dots
eating into skin like salt
(but i can never decipher the constellation)

&
        thousands of shadows dancing
                                    on my palms

shadows of all the words i never said
(and wish i had)

shadows of all the words i said and wish i
hadn't

                    and i don't know which ones burn me the most
                but as long as i can feel the burning / it means i'm living
                                (and isn't that something?)

Fragments entre mes mains

Une bouteille de vin vide
(à quoi bon salir un verre si c'est pour boire seule ?)

De chatoyants emballages de bonbons
Béants & roulés en boule
(bébé sacs de couchage pour des enfants
qui ne reviendront jamais)

Des taches d'encre rouillée
Grignotant ma peau comme de l'eau salée
(mais je ne parviens jamais à déchiffrer leur constellation)

& des milliers d'ombres qui dansent
au creux de mes mains

Ombres de tous les mots que je n'ai jamais libérés
(et je le regrette)

Ombres de tous ceux que j'ai prononcés et   regrettés

et j'ignore lesquels me hantent le plus
mais tant que je les sens me brûler / ça veut dire que je suis en vie /
que je suis davantage qu'un fantôme / et la plupart du temps / ça
me suffit)

i hold your body in my poems and i don't know how to let (it) go

i don't know where my love is / it's been too long / but i still hold your body in my poetry / tight against the wildfire blazing in my chest / *(squeezing wilted flowers never made them bloom again though)*

i'm still

      s

        p

          i l l

              i n

                g

                                  blue ink spelling
                              screaming **your name**

baking pies smelling like your hair / fresh out of the shower / and the peach pits lying on my kitchen table / all wrinkly & bat-black under the cold light / suddenly look like *bullets* that i could swallow maybe / but never bite

J'enlace encore ton corps dans mes poèmes

Je ne sais pas où mon amour est allé / le temps a trop coulé /
mais j'enlace encore ton corps dans mes poèmes / fort / comme
le feu de forêt qui rougit ma poitrine / *(étreindre des fleurs fanées
ne les a pourtant jamais fait revivre)*

Je ne me suis pas lassée
de
me

      r

     é

        p   *a* *n*

            d *r* *e*

                              en encre bleu foncé
                                     épelant
                         époumonant **ton nom**

je fais toujours des tartes au parfum de tes cheveux / à la sortie
de la douche / et les noyaux de pêche gisant sur ma table /
fripés et gris comme des chauve-souris / sous la lumière factice /
ressemblent soudain à des balles de revolver
que ma peau pourrait encaisser / peut-être
mais mon cerveau
                               jamais.

I don't know what I am but certainly not red velvet cake

the only red I own
runs & races in my veins like a villain hunted down by
cars flashing
waves of wailing blue

the only velvet I pirouette

in

is the one you find in

violin-shaped coffins

smooth / sound-proof / hiding bones / (heart)strings / words
waiting to be taken in / eaten like off-season strawberries /
savoured like full-bodied wine / warm & rich & superfluous / a
dress I tell you to rip off because

I don't need *bloody coulis* on
me

I'm the cake & the fucking

cherry

more savoury than sweet
and if I share one trait with bloody red velvet cake / it's how we
both coat your canines / in shades of sticky scarlet / until
~~you're done with us~~ we're done with you

Rouge velours – mais pas comme celui des pâtisseries américaines

Le seul rouge que je possède
court dans mes veines comme un voyou pourchassé
par des véhicules coiffés de gyrophares
hurlant en bleu dans la nuit noire

Le seul velours dans lequel je pirouette
tapisse les cercueils en forme de
boîte à violon

doux / insonorisé / camouflant des os / des cordes vocales / des mots qui meurent / d'envie d'être attrapés / dévorés comme des fraises hors saison / savourés / comme du vin arrivé à maturité / tiède, intense et luxueux / une robe que je t'ordonne de déchirer car

Je n'ai pas besoin de coulis sur moi

Je suis le gâteau et la cerise
plus épicée que sucrée / et si je partage un point commun avec le gâteau rouge velours américain / c'est que nous aimons tous deux colorer tes canines de rouge assassin /jusqu'à
la fin

Heal me / Heal me not

(Journal d'un genou & autres poèmes pour continuer à croître)

The poet's paradox
Bees can't fly below 13 degrees
There's a needle in my knee but it's no big deal
The doctor took 12 cc of old blood out of my knee
How to build a home / out of a crime scene
I make a pledge & plaster it on the fridge but once the fridge's
open i can't see it anymore - *illustrated by Ana Ribacoba Díaz*
Ode to running
How to be a poet in 5 short chapters - *after C. Diane & Portia*
Nelson
Make 3 wishes, tie 3 knots and now wait - *illustrated by Johanna*
Rawlings
Mermaids exist and here's how to find them
At 14 I decided that I hated early spring and here's why
All the ways you heal(ed) me
Things my *papis* will never know
The sun is up - so why aren't you?
What I live for... - *after Lauren Poole*
Final fragments

The poet's paradox / paradoxe poétique

If it didn't hurt this much
I wouldn't need to write about it

But if it didn't hurt this much
Would I miss writing about it?

(

Si ça ne (me) faisait pas si mal
Je n'aurais pas besoin d'écrire

Mais si ça ne (me) faisait pas si mal
Ecrire me manquerait-il ?

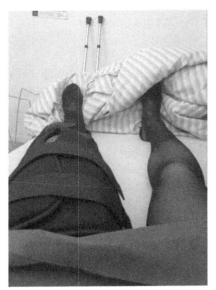

28/01/2020, Saint-Grégoire, France

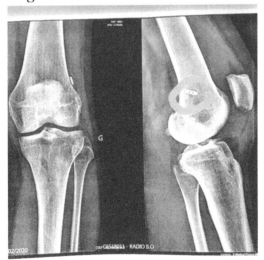

Being screwed / se faire serrer la vis, mais en mode biodégradable hein,
on est en 2020

Bees can't fly below 13 degrees

i wish i had known this before spending my lunch break /
feeding the poor creature / sugar melted in lukewarm water /
watching her start moving again / gently pushing her on the
windowsill / cluttered with years-bleached seashells / waiting
for her to take off / waiting / but the sun didn't shine that day /
the sun becomes lazy in winter / clouds spread in the sky like
summer tourists on the French riviera *(less noisy though / thank
god)*

the bee stays still / frozen in invisible amber /and he tells
me "she's not a bee, she's a wasp" / *(i love how French doesn't have
the "it" pronoun / a bee is not a thing / a wasp doesn't birth / honey / but
it doesn't make her less salvageable)*

he tells me "she'll have to die
eventually" / Google says bees can't fly below 13 degrees / and
i wish i had never come across this fact / "doomed" doesn't
exist in my vocabulary / the words shatter my childish hope like
too fragile a glass / i'm the kind of person who holds on to the
fact that the glass can be glued back / rebought / repaired in a
furnace if i have to

he tells me "let's go buy Christmas
decorations after work / it'll cheer you up" / but hours later /
stroking a fluffy dark green tinsel laced with golden baubles /
smooth and motionless / room temperature but not warm / i
think of the freezing wasp i brought back inside / put on a
plate / with a spoon of melted sugar and rolled toilet paper to
keep her warm / and how i beamed when i heard her finally
take off / a tiny noisy bicolour plane / only to see her go
straight into the fire / and hopefully not feel pain
anymore

Les abeilles ne peuvent pas voler en dessous de 13 degrés

J'aurais aimé le savoir avant de passer ma pause déjeuner / à nourrir la pauvre bête / avec une pipette d'eau tiède & sucrée / à l'observer remuer à nouveau / puis la pousser tout doucement sur le rebord de la fenêtre / encombrée de coquillages délavés par les années / dans l'attente qu'elle décolle / dans l'attente / mais ce jour-là le soleil a oublié de se lever / l'hiver le rend gâteux / les nuages / eux / s'étalent dans le ciel comme les touristes sur la Côte d'Azur / l'été / *(moins bruyants cependant / tant mieux)*

    l'abeille ne bouge pas / prisonnière d'une ambre invisible / « c'est une guêpe, pas une abeille » / dit mon mari / *(c'est vrai / mais je la sauverai même si elle n'enfante pas / de miel)* / « elle va finir par mourir » / Google renchérit « les abeilles ne peuvent pas décoller en dessous de 13 degrés » / et j'ai envie de hurler / parce que « foutu » ne fait pas partie de mon vocabulaire / ça fracasse mon espoir d'enfant comme du verre / mais je suis le genre de personne qui pense que tout verre peut être recollé / racheté / réparé dans une forge, même, si on doit en arriver là

    il m'emmène acheter des déco de Noël pour me remonter le moral / mais les guirlandes soyeuses / vert sapin & chatoyant doré / douces & inertes / me laissent froides / je ne pense qu'à la guêpe glacée que j'ai ramenée à l'intérieur / posée sur une petite assiette avec une cuillère de sucre fondu et un rouleau de papier toilette / en guise de maison / je songe au sourire qui m'a éclairée quand je l'ai entendue / enfin décoller / minuscule avion bicolore / tout ça pour la voir se diriger droit dans les flammes du poêle / et comme je suis restée seule / en tête-à-tête avec l'espoir qu'elle ne souffre plus / *du froid*

There's a needle in my knee but it's no big deal

There's a needle in my knee but it's no big deal / i've seen worse / and my body's a welcoming country / "please wear a mask but sure - raid the bar all you want / roam my streets / feast on the local cuisine / do as you please ~~with me~~"
i'd give
       i give
           i'll give
               a - ny- thing
if it means never
being lonely

i should probably implement a stricter entrance policy
(if i were a bouncer / i'd never stay more than a day on the job)
you should see some of the people who crossed the ~~frontier~~
line
the way they carelessly
break & enter
doors i carefully locked
slip into my favourite clothes and dance too close to the hearth
suck my colours dry a little more / every time they shoot me
and post the pictures on their walls
they take / they take away and they bring home / whatever
stole their heart / *(or a second of their attention)* / but don't
worry
it's no big deal

you know i'd give
         i give

i'll give

e-ve-ry-thing

to be someone's wasteland
rather than no one's land

(and i'm too apathetic to care ~~about being pathetic~~. at least I have
clarity. at least i know –

The needle hits a bone / i wince / i hate being reminded i'm no
hero / on a scale from ten to zero / i rate myself below / sea
levels / they froze a long time ago / and I wish the needle
would, too

This country needs *a break* / i dream of
an empty beach under a ~~violent~~ violet sun
you don't need knees   here
the salt carries you
you don't need clothes here
the waves wrap you in exquisite aquamarine
you don't need anyone else here
the water hugs you / engulfs you / and suddenly

E V E R Y T H I N G

the whole universe

suspends itself

into a single
movement

back & forth
back & forth

back &

J'ai une aiguille plantée dans le genou mais tout va bien

Il y a une aiguille plantée dans mon genou mais tout va bien /
j'ai vu pire / mon corps est une terre d'accueil toujours ouverte/
« veuillez porter un masque mais - oui, bien sûr, videz le bar si
vous voulez / déambulez dans mes rues / régalez-vous de la
cuisine locale / faites ce que vous voulez ~~de moi~~ »
Tu sais que je donnerais
                              et je donne
                                              t o u t
plutôt qu'être
seule

Je devrais probablement mettre en place une politique d'entrée
plus stricte *(si j'étais videur / je serais virée au bout d'une journée)*
Si tu voyais la dégaine de certains touristes qui m'envahissent
leur nonchalance / leur aisance à
défoncer des portes que j'avais soigneusement cadenassées
se glisser dans mes vêtements préférés et danser trop près de la
cheminée
absorber mes couleurs un peu plus / chaque fois qu'ils me
prennent en photo et les placardent sur leurs murs
Ils prennent / ils emportent / tout ce qui a capté une seconde
de leur attention / mais ce n'est pas grave, tu sais
Tout - va - bien

Tu sais que je donnerais
                          et je donne
                                        t o u t

plutôt être le terrain vague de quelqu'un
que la terre de personne

(et je me sens trop apathique pour me soucier de paraître pathétique / au
moins je suis lucide / au moins je sais que -

L'aiguille heurte un os / je grimace / je déteste être rappelée à
la réalité / sur une échelle de dix à zéro / je me donne une note
en-dessous / du niveau de la mer / il s'est figé depuis
longtemps/ *(si seulement l'aiguille pouvait faire pareil)*

Ce pays a besoin de *vacances* / je rêve
d'une plage déserte sous un soleil ~~violent~~ violet
pas besoin de genoux ici
le sel te porte
pas besoin de vêtements ici
les vagues t'enrobent de bleu canard exquis
besoin de personne ici
l'eau t'enlace / t'engloutit / et soudain

    T O U T
          l'univers
                se suspend

dans un unique
mouvement
      va & vient
va & vient
               va &   **devient**

The doctor takes 12 cc of blood from my knee and tells me it's been sitting there / stuck / for over 9 months

And it got me thinking
*(the doctor knows i hate needles / so he talks / he knows i hate that i still can't run / **i hate being still** / complaining about it / complaining feels like a tragic waste of time / breath / energy / and i need them all right now / because the needle's bigger than i thought / deeper than i'd hoped / and my stomach's growling / my stomach wants cake to replace the ache / it makes the doctor smile / at least)*

"look at how purplish & thick this blood is"
(um thank you but no / i'd rather not)
"it means it's ancient. it's been stuck in your knee since the surgery"

and it made me think / what about the ghosts
stuck under my skin, too? / wandering in throbbing corridors
bumping into unfortunate bones / everywhere they go

do they want to leave as bad as i want them to?
do i need someone else's help?

                    a ghost needle?

do i really want to?
what if i feel empty
                    afterwards? what do i do?

                              (to replace them?)

Le médecin du sport retire de mon genou gauche / 12 cc de sang / en âge de naître

Et ça me fait réfléchir / du moins j'essaie
(il sait que je déteste les aiguilles alors il essaie de me faire parler /
*il sait que je déteste ne toujours pas pouvoir courir / **je déteste rester***
immobile / et je déteste me plaindre / râler ressemble à une
monumentale perte de temps / énergie / et j'ai besoin de tout ça là,
maintenant / car l'aiguille est plus grosse que je l'imaginais / plus
profonde que je l'espérais / et mon estomac gargouille / ça fait
sourire le médecin / au moins)

« Tu vois comme ton sang est épais & violet là-dedans ? »
(euh non merci / ça ira)
« Ça veut dire qu'il est ancien / ça veut dire qu'il date de ton
opération / il y a neuf mois »

Et je songe soudain aux fantômes
Qui hantent ma peau / errant dans des couloirs palpitants
Heurtant des os malheureux / à chaque tournant

Aspirent-ils à me quitter autant que moi ?
Ont-ils / ai-je besoin / d'aide ?

Une aiguille à fantômes ?

Est-ce vraiment ce que je
veux ?
Et si je me sentais vide

après ? qu'est-ce que je ferai ?

(pour me combler ?)

How to build a home / out of a crime scene

for Lauren

in another life this house is
a court house / a gothic church / a never-closing bar clothed by
vintage guitars / a snowy graveyard under a violet sky / a
bookshop owned by a monocle-wearing raven / a garden where
the tall grass murmurs your name

in every life
it has seen things *no one should see*
screaming
           colours   bleeding
faces
the air ripped apart by
                      tiger-toothed words
blackened by
          a silence more loaded than **your gun**
                            in my mouth
feral & cold-blooded
your palms sprayed on my lungs
painted in charcoal
vibrating
trying to get me to
breathe again

your palms pressed on each side of my cheeks
warm & soft like a baby waffle squashed into a waffle maker
you sucking out the bright
yellow

painting me in ocean-blue and fifty shades of
                                                                          you
and calling it love
(how dare you)

i don't know how i made it
back
to the house
                    to life

i don't know how i met so many
new yous
stroking me with gentle eyes
removing strands of soot-coloured hair
tattooed on my strawberry face
like ashes that won't leave the fire
that   *don't know how to*

and i still don't know how i made it back
from this hell
but the scathing scars are starting to fade
in delicate shades of vermillion
despite it all
my love for life's still stuck to these warped
walls
my hands still shake
under the invisible /heavy /of these memories

but they're stronger than they look
they'll tear up the boards
repair the wobbly doors
fling open the windows
circle my mouth and vibrate
oh so happily
around my roaring voice

h o w l i n g

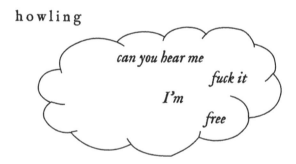

can you hear me

fuck it

I'm

free

Mon corps est un arc (narratif)

pour Lauren

Dans une autre vie cette maison est
une cour de justice / une église gothique / un bar toujours
ouvert et recouvert de guitares mythiques / un cimetière sous la
neige d'un ciel violet / une librairie dirigée par un corbeau à
monocle / un jardin où l'herbe haute murmure ton nom

Dans toutes mes vies
J'ai vu des choses que *personne ne devrait voir*
Des couleurs qui
                        hurlent
Des plaies qui
                        plaident dans le noir

L'air lacéré par des mots
aux dents de tigre
et noirci par un silence
plus chargé que **ton pistolet**
                        dans ma bouche
au goût de meurtre
prémédité & de fureur sauvage
tes paumes étalées sur mes poumons
couverts de charbon
vibrant
essayant de me faire respirer
à nouveau

tes paumes pressées de chaque côté de mes joues
tièdes & molles comme des bébé gaufres écrasées entre les
plaques brûlantes d'un gaufrier
aspirant mon jaune   lumineux

**me teintant de bleu océan et de beaucoup de bleus
différents**
et osant appeler ça
                        de l'amour

Je ne sais pas comment j'ai fait
pour revenir
à moi
à la vie

Je ne sais pas comment j'ai pu rencontrer
Tant de nouveaux ~~toits~~ toi
Me couvant du regard
Ôtant les mèches couleur de suie
incrustées dans ma peau rougie
comme des cendres qui ne veulent pas quitter leur foyer
Qui ne savent pas
                        comment faire

Et je ne sais toujours pas comment j'ai fait pour revenir
de cet enfer
mais les cicatrices bouillantes commencent à pâlir
en délicats pétales vermillon
Je crois
qu'en dépit de tout ça
mon amour de la vie
s'est incrusté

dans ces murs gondolés
et mes mains tremblent encore parfois
sous le poids invisible
du passé

mais
elles sont plus résistantes qu'il n'y paraît
elles vont arracher ces planches
réparer ces portes branlantes
ouvrir grand les fenêtres
entourer ma bouche et vibrer
de joie
sous les rugissements de ma voix

est-ce que tu m'entends

je suis

libre

maintenant

i make a pledge & plaster it on the fridge but once the fridge's open i can't see it anymore

Christmas is over / the fridge is bursting with leftovers / and i just want to be done with this year / so i write a pledge & plaster it on the ice rink-white
fridge

i write that

i shall never ransack this fridge when i feel hollow again / never behave like a raccoon left on its own in a defenceless kitchen / for a whole weekend / feasting on whatever i can lay my ~~paws~~ hands on / just because i can / ~~just because i feel alone~~

i'll stop believing that food is comforting / cheesy arms pasting my cold bones back together after a nasty fall / or a ghastly heartbreak / i'll stop running back to her / like a mother / stroking my cheek / telling me everything's going to be fine / here, have some more
pie

i'll stop looking the other way / every time the little voice in my head reminds me that *"food doesn't work that way / when you dig into a bowl / your troubles don't get buried into the hole / they always find their way / back into
your throat"*

i'll quit eating cake as if it were a Host / holy matter that shall cure my inner child / and make her jump around again / bouncy & happy & carefree / yes, i solemnly swear / i'll never mistake food for love again

oh, wait

brownie?

you said brownie?

J'écris un serment et je le placarde sur le frigo, mais quand je l'ouvre, il disparaît

Noël est passé / le frigo déborde de restes / assez pour tenir jusqu'en février / mais j'ai envie d'en finir / avec cette drôle d'année / alors je griffonne sur un bout de papier et / je le colle sur la surface blanc glacé du frigo / promesse en forme de soupe de lettres :

« Je ne pillerai plus jamais le frigo quand je me sens vide / je ne me comporterai plus comme un raton laveur ~~délaissé~~ / sans surveillance dans une cuisine sans défense / pendant un week-end entier / festoyant sur tout ce qu'il peut trouver / juste parce que rien ~~personne~~ ne l'en empêche

J'arrête de chercher du réconfort dans la nourriture / du fromage pour colmater mes os troués / du chocolat pour enrober mon cœur dévasté / j'arrête de me précipiter dans ses bras / j'arrête de chercher sa caresse sur ma joue / comme une maman qui me dirait que tout ira bien / tiens, reprends une part
    de tarte

J'arrête de faire l'autruche / dans une marmite de couscous / chaque fois que la petite voix dans ma tête me dit / « *qu'est-ce que tu crois / la nourriture ne fonctionne pas comme ça / creuser un puits de farine n'enterrera pas tes démons / ils retrouveront toujours le chemin / de ta gorge* »

J'arrête d'avaler des cookies / comme si c'étaient des hosties / des disques divins censés guérir l'enfant en moi / la faire sourire, danser, rire / les pieds & le cœur léger / oui, j'en fais le serment / je ne confondrai plus jamais la nourriture avec / de l'amour »

attends
attends

brownie?
qui a dit brownie?

Ode to running

You wake up
oddly early for a Sunday
the trees are still
wrapped in misty grey
on any other day this would feel like pure torture
tearing yourself out of the bed bathing in cozy warmth
missing him wake up / bird nest-shaped hair / dozy smile and
burning skin
        but not today

today you're alone / warming up in the cold-clad park
doing Bulgarian squats
hands clasped
bells start to chime and
              r   i   n   g

do you know what time is it?
it's time to make your running shoes
              s   i   n   g

the bells keep chiming cheerfully
the church's a few feet from you / but your god doesn't live
within walls
your god's in the space between the trees rustling all around
you / your god's riding the air brushing your face / harder and
harder / as you run faster / cooling your cheeks / making your
eyes water / turning your lungs into candlesticks / slow
burning/ getting shorter / but you keep running
                   faster

slicing the rain curtain with feisty fists & frozen nose
splashes of mud & gushes of wind covered by Taylor & Alex &
Serj & August burns red
a broken-winged bird finally
able to fly again
and *it hurts – but in a good way*
your physiotherapist's words play in a loop in your head
"suffering - that's how we know we're living"

and you've always wanted to believe him
but today
            you don't have to
you just *do*
*(is this what faith tastes like? stone-cold turned into transparent
fire / apathy turned into weightless winged-shoes?)*

today
in your lonely open-air cathedral
you could almost fall on your knees
*(but your knee is what kept you from running in the first place / so
you just keep / running)*
under this roof of misty grey clouds
your mind's never felt so clear

so many things suck in your life but ~~not~~ never while running
it had been so long / a fucking year / today feels like a baptism/
February rain streaming on your strawberry-red cheeks/
smelling like spring / ~~already~~ finally

Ode à la course à pied

pour Erwan

Tu te réveilles
Anormalement tôt pour un dimanche
Les arbres sont encore
Emmaillottés de gris brumeux
N'importe quel autre jour, ce serait de la pure torture
T'arracher ainsi au lit douillet
Rater son éveil / le sourire ensommeillé / un nid d'oiseaux
A la place des cheveux / la peau ardente

mais pas

aujourd'hui

Aujourd'hui tu es seule / à t'échauffer dans le parc glacé
Squats bulgares appuyés dans le givre qui craque
Les mains jointes
Quand les cloches se mettent à

sonner

Sais-tu quelle heure il est ?
L'heure de resserrer tes lacets et

t'élancer

Les cloches carillonnent joyeusement
Depuis l'église à quelques pas de toi / mais ton dieu ne vit pas
reclus / entre des murs
Non ton dieu chevauche l'air que tu inspires / de plus en plus
brûlant à mesure que tu accélères / refroidissant tes joues /
jetant des larmes dans tes yeux / métamorphosant tes poumons
en bougies / qui se consument / diminuent / mais tu continues

de courir

                        plus vite
poings serrés   pointe du nez glacée

                        perce le rideau de pluie
L'oiseau aux ailes brisées
a enfin repris son envol
et ça fait mal - mais c'est une *bonne* maladie
et les paroles de ton kiné tournent en boucle dans ta tête
« c'est comme ça qu'on sait qu'on vit »

Tu as toujours voulu y croire
Mais aujourd'hui pas besoin
d'essayer / tu le *sais*
(*est-ce donc cela, la foi ? froid de pierre devenu feu transparent /
l'apathie en apesanteur ?*)

Aujourd'hui
Dans ta cathédrale solitaire en plein air
Tu pourrais presque te laisser tomber à genoux
(*mais c'est ton genou qui t'a empêchée de courir pendant tout ce
temps / alors tu ne t'arrêtes surtout pas*)
Sous la voûte de nuages d'un gris flou
Tu n'as jamais eu l'esprit aussi clair

Il y a tellement de choses qui craignent dans ta vie mais ~~pas~~
jamais quand tu cours
Cela faisait si longtemps / *un an* / aujourd'hui ressemble à
baptême / la pluie de février ruisselant sur tes joues / rouges / a
des effluves de printemps / ~~déjà~~ enfin
                        présent

How to be a poet in 5 short chapters

(after Chelsie Diane & Portia Nelson)

I. **Water has memory and your body is a flooded house** you never tried to empty because at least *she* makes you feel full. Your cheeks feel like sick balloons bursting at the seams, but you keep your mouth shut. *(what if you have nothing to say anymore, once she's out?)*

II. **Water has memory and she gets heavier by the hour.** Your body has shrunk to a cold bathroom where only a dagger-shaped moon comes to visit you.
You open your mouth to say hello and choke on a deafening deluge. You're drowning in your own bathtub, limbs flapping like ripped wings, and no one hears you.
(the hand holding your face against the plain enamel is yours)

III. **Water has memory but she won't stay if you let her go.** So you let her pour all over you / cascades of heavy rain / trails of salt-white tears / melting snow biting your sunken lips / suffocating shades of blue making the whole house quake. You hold on tight.

(tighter. ink-coloured cracks appear at the corner of your eyes)

IV.   **Water has memory but it doesn't incarcerate you.**
        It's an untapped fountain begging to be freed and
        the only way out isn't your mouth but your fingers
        bleeding black & blue, so you let them bleed.
        (the bathtub becomes raven-blue. you become you.)

V.   **Water stands still in your crystal-clear glass.**
        You take a sip or two, you let her sit under your
        mouth roof, tame and transparent, and once you
        swallow her, you feel lighter. A familiar prickle
        ignites your fingertips. Maybe it's poetry, maybe
        it's just words. Maybe words are enough.
        (you release them.)

Comment écrire en 5 chapitres

inspiré par Chelsie Diane & Portia Nelson

I. **L'eau a une mémoire et ton corps est une maison inondée** que tu n'as jamais essayé de vider parce qu'elle, au moins, te fait sentir *habité(e)*. Tes joues sont gonflées comme des ballons prêts à exploser, mais tu gardes les lèvres serrées.

(et si tu n'avais plus rien à dire, une fois l'eau écoulée ?)

II. **L'eau a une mémoire qui se fait plus lourde à chaque heure qui passe.** Ton corps s'est réduit à une salle de bain glacée, où seule une lune en forme de dague vient te rendre visite.

Tu ouvres la bouche pour la saluer et tu t'étrangles dans un déluge assourdissant. Tu te noies dans ta propre baignoire, battant des bras et des jambes aussi utiles que des ailes déchirées, et personne ne t'entend.

(la main qui te maintient face contre l'émail est la tienne)

III. **L'eau a une mémoire mais elle ne restera pas si tu la relâches.** Alors tu la laisses se déverser / en cascade de pluie / pénétrante / en traînées de larmes d'un blanc / de sel / en neige fondue sur tes lèvres immergées / en nuances de bleu qui font suffoquer toute ta maison. Tu tiens bon.
(plus fort. des fissures couleur d'encre apparaissent au coin de tes yeux)

IV. **L'eau a une mémoire mais ce n'est pas ~~une~~ ta prison.**
C'est une fontaine inexploitée qui ne demande qu'à être libérée, et son issue n'est pas ta bouche mais l'encre qui gicle de tes doigts. Tu les laisses saigner.
(la baignoire se teinte de bleu corbeau. tu deviens toi.)

V. **L'eau se tient bien sage dans ton verre.**
Tu sirotes une ou deux gorgées, tu la laisses se reposer sur ta langue, apprivoisée et transparente, et une fois avalée, tu te sens plus léger(e). Un fourmillement familier enflamme tes phalanges. Peut-être que c'est de la poésie, peut-être que ce sont juste des mots. Peut-être que juste des mots suffisent.
(tu les libères)

Make 3 wishes, tie 3 knots and now / wait

in my desk drawer

a brass key opening a cellar I don't own
anymore

drafts that could dress a whole forest
*(ivory leaves swathed in spidery handwriting / the weirdest French
couture you've ever heard of / irony queen of the runway / spiders
scare the hell out of me)*

piles of half-working half-broken tokens of the past
*(this drawer is like the past / I don't dare to open it but I need to
know it's here / close to my belly while I write or / daydream / my
thoughts dancing and dangling from the tree on the other side / of
my windowsill)*

Take this once-orange-now-faded torn fabric bracelet / the
one you can buy in almost any colour / for almost nothing / on
the steps outside of Brazilian churches / **Make 3 wishes tie 3
knots and now wait** / hope for the best / and you know what /
the bracelet gave up / gave out after less than 10 years

First knot was / please save my very sick *papi* / it took him
almost 10 years to die but he did die in the end and my other
papi died the year after / before the Brazilian bracelet / and I
felt so betrayed / more outraged than

s   a   d

Second knot was / to fall in love & get married / how naïve / but it's happening / there's a white ring on my fourth left finger / meant to turn pink gold in a few months / and I cannot help but hope / it survives longer than the once-orange Brazilian bracelet

Third knot was / to become a writer / and it happened / it happens every day / *I* make it happen / and maybe this bracelet has / had / nothing to do with it

*but maybe it made all the
difference*

Fais 3 vœux, fais 3 nœuds et maintenant / attends

Dans le tiroir de mon bureau, on trouve

la clef d'une cave qui ne m'appartient
plus

des brouillons en quantités
suffisantes pour réchauffer une forêt entière
*(feuilles ivoirines noircies de lignes illisibles / insaisissables toiles
d'araignée empilées / haute couture française 100% fait main /
l'ironie reine du podium / quand on connaît ma phobie des
araignées)*

des babioles du passé enchevêtrées, à moitié ou complètement
hors d'usage
*(ce tiroir est comme le passé / je n'ose pas l'ouvrir mais j'ai besoin
de le savoir là / tout contre moi pendant que j'écris ou / rêvasse /
laissant mes pensées vagabonder / escalader et se pendre / à l'arbre
de l'autre côté de ma fenêtre)*

Ce bracelet par exemple / était autrefois orange / on en trouve
encore / dans n'importe quel coloris et à tout petit prix / sur les
marches des églises de Salvador de Bahia / « **fais 3 vœux, fais 3
nœuds et maintenant / attends** » / espère / et pourtant / il se
déchire en moins de 10 ans

Premier nœud / que mon papi soit sauvé de cette infâme maladie / il résiste presque 10 ans / mais cède finalement / mon autre papi meurt même avant / avant que le bracelet brésilien n'ait la décence de céder / lui / la trahison m'a lacéré les poumons / me laissant

plus révoltée qu'éplorée

Deuxième nœud / tomber amoureuse & me marier / quelle touchante naïveté / mais c'est arrivé / il y a un anneau argenté enroulé autour de mon annulaire / censé se métamorphoser en ~~champagne~~ rosé / dans quelques mois / et j'espère de tout cœur qu'il survivra plus longtemps que le bracelet / à l'orange effacé

Troisième nœud / devenir écrivain-e / et c'est arrivé / aussi / je ~~l'exauce~~ l'exerce tous les jours / et peut-être que ce bracelet n'y est pour rien

Mais peut-être qu'il a fait toute la différence

At 14 *I decided that I hated early spring and here's why*

papi: grandpa in French

the last time i talked with *papi*
March had just woken up from a three month hangover
yawned / shook off its stiff branches
thinking / let's go back to work / let's put some green
back into this world
and i was happy

the last time i talked with *papi*
i didn't know his so-called ulcer was actually

                                                    cancer
greedily feasting on his stomach
(*the irony / food had always been his first pleasure / and i take after
him / apparently*)

the last time i talked with *papi*
in the hospital room basking in sun
he knew better than to give my parents secret away
he knew better than to leave me without some kind of truth
about life / and death / either

he told me about the 9-year-old boy with the eggshell-smooth
head / and poking paper-skin cheekbones / in the adjacent
room / bravely holding everything up by day / like a sealed
bottle perfectly content to swim in the vast ocean / feeding
smiles & silence to the people in white

but every night / the sealed bottle cracked open / lost in the bottomless dark / the silence became wails / waves of pain ricocheting against walls suddenly too thin / like desperate birds trapped over a bottomless body of water / and doesn't the water always win / in the end?

papi shuddered / said he wished he could take the boy's place / cause he was old / he had a full life / threw metal cans of milk in the street stairs just to hear them go "boing- boing - boing" as they fell / went to war / broke a fucking tank / sewed skirts for Chanel / and cheap local shops / taught us how to play cards / how to not take anything too seriously / (except dinner hour)

i cracked a smile / crinkled & paper-thin / he was so serious / sullen, even / in this moment / his olive skin almost as grey as his hair between the starched sheets / saying he'd gladly trade his life with the boy's / as spring cheerfully crept in the room / carrying cherry blossom scents

did he know he'd be gone the week after?

early spring is most people's favourite news
but when they say « March »
all I hear is a funeral march
painting my inner walls in
audible black

A 14 ans j'ai décidé que je détestais le printemps ~ et voilà pourquoi

La dernière fois que j'ai parlé avec papi
Mars s'éveillait tout juste d'une gueule de bois de trois mois
secouant le givre de ses branches avec un bâillement
songeant /allez, au boulot /il est temps de rhabiller le monde
avec ma nouvelle collection
et cette perspective m'enchantait

La dernière fois que j'ai parlé avec papi
J'ignorais que son soi-disant ulcère s'appelait en fait

cancer

lui grignotant allègrement l'estomac
(*l'univers ne manque pas d'ironie /la nourriture avait toujours été son premier plaisir /il paraît que je tiens de lui*)

La dernière fois que j'ai parlé avec papi
dans la chambre d'hôpital baignée de soleil
Il a fait mieux que balancer le pieux mensonge de mes parents
Il a fait mieux que me quitter /sans un semblant de vérité sur la vie /la mort /et les flottements au milieu

Il m'a parlé de l'enfant de 9 ans /au crâne plus lisse qu'un œuf /
aux pommettes sur le point de percer sa peau de papier /dans
la chambre d'à côté /monstre de courage la journée /gardant
tout en lui comme une bouteille scellée / voguant
tranquillement sur le vaste océan /envoyant des sourires polis
comme du verre de mer /aux gens en blanc

Mais la nuit / la nuit, la bouteille de verre bringuebalée dans le noir insondable se morcelle / et le silence se transforme en gémissements / en vagues de souffrance ricochant contre les murs soudain trop fins / en mouettes condamnées à tourner en rond au-dessus d'une étendue d'eau interminable / en se lamentant / et l'eau ne finit-elle pas toujours par l'emporter ?

Papi a frissonné / "si seulement je pouvais prendre sa place / moi je suis déjà vieux / j'ai eu une vie bien remplie / balancé des bouteilles de lait en métal dans les escaliers de la rue juste pour les entendre faire « boing boing boing » / j'ai fait la guerre / cassé la lunette d'un tank / cousu des jupes pour Chanel / et les supermarchés de quartier / je vous ai appris à jouer aux cartes / ~~presque~~ sans tricher / je vous ai appris à ne pas prendre les choses au sérieux » / (sauf l'heure du dîner)

J'ai souri / sourire de papier froissé / il était si sérieux / grave, même / son teint d'olive presqu'aussi gris que ses cheveux entre les draps empesés / marmonnant qu'il aurait volontiers échangé sa vie / avec celle de ce garçon / pendant que le printemps ignorant s'aventurait gaiement dans la chambre / avec son panier éphémère de fleurs de cerisiers

Savait-il qu'il nous quitterait la semaine d'après?

Tout le monde attend le printemps / comme le messie / mais quand j'entends "mars" / mes oreilles sont envahies par une cacophonie d'orgue et de / silence / couvrant mes murs de **noir**

    sonore

Mermaids exist and here's how to find them

inspired by Olivia Gatwood
dedicated to Amy, Chelsie, Nat & Danica

a year ago if you'd asked me / *i'd told you mermaids exist* / in
tales / only / in human-crafted seas where octopi bleed in
shades of blue / and forks are the ultimate / treasure

a year ago my voice felt silvery & hushed like a moon-sliver /
trying to make herself even smaller / when in fact / she ~~could~~
should

s p r e a d

a stream slithering between closed borders / crashing over
burnt bridges / flying on invisible waves / a badass spider no
one could never catch

a year ago i didn't know i wasn't
a sinking ship in a storm   **but**
the ocean itself   growing
the salt sizzling my wounds , yes

                      but **keeping me alive,** too

and you
unexpected mermaids of my own life-turned-into-tale
(*or the other way round? painkillers make everything taste stale*)
you broke into my screen
quenched a thirst i didn't even know i had / in me
and i sipped / i drank / i devoured your words whole / like
medicine i didn't know i direly needed

mesmerized
by your cascade of / hair / words / fire French-kissing water in
the ripples of your razor-sharp poems
mesmerized
by your   couldn't-care-less-about-them
                 couldn't-care-*enough*-about-*me*
                                                    attitude
when they dared
to insult you
fascinated
rabbits incarcerated in race car flashlights
they could ***never*** afford
just because you open your throat when you fuck
-ing want to

and i love that you
do ***not*** smile
(*when you don't want to*)
you stare
you stab them in the ~~eye~~ I
skin half-bare / half-covered in self-grown turquoise scales
drenched in shimmering gasoline
a hundred percent
                    slaying

in this ~~tale~~ life you're the princess and the dragon / you keep
yourself soft / your keep yourself warm / and if this isn't the
happiest ending on Earth / then tell me what is

oh they tried to tie you down / to shove your face in their pillows / or between tabloid pages / some of them harassed you/ tried to slit your lips into an everlasting / scarlet-wet smile /asked you why are you so cold /asked you why you ~~ruin~~ lace your songs with swear words /forced "sorrys" out of you / expecting delicate corals / getting fucking-sharp seashell cuts instead /tried to leave you /for dead
(*leave you /oh they wish they could*)

oh to witness the mirrorlike water become raging ocean / the mermaids growing fangs /bad blood splattering everywhere
oh to see you exposing the truth / broken ribs and bathroom tiles /shattered dreams and pulverised porcelain plates

oh to see you magnifying the world in unapologetic black /pointing at the stained wedding dress / the splintered glass slipper / the poisonous apple / the treacherous needle / the lies clothed in sparkling fairy tales
too much sugar will make you sick /i prefer my coffee black

Mermaids exist and here's how i found them
unexpectedly / drowning in dry air / white like too clean a bone
gratefully /like welcoming the friends i had been waiting for my whole life
cloaked in eye-opening   dancing   shadows

stroking my shivering skin / making me realize that what i'd felt trapped in / this wasn't light in any way / and it was high time
I let it go.

Les sirènes existent et voici comment les trouver

Il y a un an /j'aurais répondu oui /les sirènes existent /dans les histoires /dans des mondes où les pieuvres saignent en violet / et les fourchettes valent plus que de l'or

Il y a un an / ma voix était pâle et diluée / larme de lune n'aspirant qu'à prendre le moins de place possible / prête à s'éteindre
au lieu de

      s' é t e n   d   r   e

comme une rivière / serpentant entre des frontières closes / s'écrasant sur des ponts calcinés / volant au-dessus de vagues invisibles /comme une araignée insaisissable de bande dessinée

Il y a un an j'ignorais que je n'étais pas
un navire en train de couler
mais l'océan lui-même
en perpétuelle expansion
le sel brûlant mes plaies /mais
me maintenant en vie /aussi

Et vous
Sirènes inattendues de ma propre vie-devenue-histoire
(*ou le contraire? les anti-douleurs me font voir le temps à l'envers*)
Vous avez crevé mon écran
assouvi la soif /que j'avais engloutie dans mes abysses
et j'ai bu / avalé / dévoré vos mots comme / les médicaments
dont j'avais *vraiment* besoin

Subjuguée
par votre cascade de / cheveux / mots / feu & eau s'embrassant
avec la langue / dans les méandres de vos poèmes écrits au
scalpel

Subjuguée
par votre liberté / arrachée avec les dents quand ils ont osé /
vous insulter / fascinés / des lapins incarcérés dans les phares
d'une voiture / qu'ils ne pourraient *jamais* se payer / et tout ça
pourquoi ? parce que vous osez l'ouvrir / ou la fermer / selon
votre bon plaisir

J'aime comme
vous ne souriez pas
(quand vous n'en avez pas envie)

les yeux
vous ne baissez jamais
non
vous les braquez comme des flingues
rutilant comme les écailles turquoise
que vous avez fait croître vous-mêmes sur vos hanches
brillantes d'essence
100%
mortelles

Dans cette ~~histoire~~ vie vous êtes la princesse et le dragon / votre
plus farouche protection / votre feu le plus long / et si ça n'est pas la
fin la plus heureuse du monde / écrivez-la pour moi / pour voir

Oh ils ont essayé de vous bâillonner / d'enfoncer votre rouge dans leurs oreillers / ou entre les pages de la presse à scandale / certains vous ont harcelée / ils ont essayé de transformer vos lèvres en un éternel / sourire rouge-liquéfié / ils vous ont demandé pourquoi vous restez de glace / pourquoi vous ~~gâchez~~ arrosez vos chansons avec des jurons / ils ont tenté de vous arracher des « désolée » / ils s'attendaient à des coraux délicats / ont récolté des coupures de coquillages acérés / ont tenté de vous laisser / pour mortes
(*vous laisser / comme si le choix leur appartenait*)

Oh / voir l'eau miroitante se métamorphoser en ouragan / les sirènes montrer leurs crocs / le sang vicié arroser le néant
Oh / les voir révéler la vérité / les côtes cassées / le carrelage de la salle de bain fracturé / les rêves brisés et les assiettes en porcelaine pulvérisées

Oh / vous voir magnifier le monde de noir sans remords / pointer la robe de mariée souillée / le soulier de verre fracassé / la pomme empoisonnée / l'aiguille ensorcelée / les mensonges aux costumes éclatants polluant les contes d'enfants

Les sirènes existent et voici comment je les ai trouvées
en me noyant à l'air libre / pâle & sec comme un os abandonné/
en ouvrant les yeux sous l'eau / *(le sel brûle toujours moins que l'hématome sous ma peau)* / en oubliant tout / sauf de nager / en laissant leurs chants gonfler ma poitrine / mes veines / effacer mes bleus et le violet / découvrir que j'avais confondu la lumière avec l'obscurité / ne pas remonter / *plonger*

All the ways you heal(ed) me

for R.
for me, too.

when you let me pin you against a crowded wall and kiss you as
if we were the last two souls standing / in the whole world /
when i suggested watching a film and you said / "can you tell
me about you instead?"

when you brought ice for my knee / straight to bed / because i
was too busy ~~bathing~~ drowning in pain's cobalt halo / and
dropped some in my glass to soften the alcohol bite

when you brought me back to my roots / Erevan streets
melting in July's sunlight / and smiled when you saw tears
glistening in my eyes / because all the girls walking by /
blissfully unaware of us / looked like long lost sisters / *i never
knew i'd missed*

~~when~~ every time your fingers reached for the silver
rivers in my hair
teaching me
not to bury them
not to pluck them out like dandelions
one
by
one

until i'd look like the old "me"

I'm a jungle, not a fucking French garden

dandelions bloom and burst and dance
even in winter
(*i've never understood how they could*)

"there's enough darkness in your poetry anyway" / you say /
even though you don't read it / and laughing along with you
feels like inhaling pure oxygen

when you took me with you to the other side of the Earth and
reminded me home isn't a place / home is a feeling snuggled in
a heart-shaped hole / like a hedgehog hidden under mum's
thuja hedge / waiting for the night to go out / like us / dancing
with neon light sticks twisted around our wrists / sparkling
when they hit / slow-burning / like your tongue glazing my
past wounds / following the ivory stretch marks on my thighs
to / me / the real me / laid bare / all my weapons left at the foot
of the bed / like offerings at love's altar

                                        you & i intertwined
like ivy climbing over a wall / growing in silence / unfazed by
storms or the passing of seasons / *growing even when we don't
look* / hungry & strong / even when the wall becomes black ice
or threatens to collapse

          and if the ivy can do it

                    maybe i can

                              too

Le lierre reste vert même en hiver

*pour R.
pour moi, aussi.*

*Titre alternatif : tous les moments où tu m'as fait choisir
la vie*

Quand tu m'as laissé te plaquer / contre un mur bondé / et
t'embrasser comme si on était les derniers / sur cette planète /
quand j'ai suggéré de regarder un film et que tu m'as répondu
« tu préfères pas discuter / plutôt ? »

Quand tu as apporté de la glace pour mon genou en vrac / trop
occupé à ~~se baigner~~ me noyer dans un halo bleu de douleur /
quand tu as glissé quelques glaçons dans mon verre

Quand tu m'as emmenée là où je n'étais jamais allée / dans les
rues écrasées de soleil de Erevan / Arménie / quand tu as souri
aux larmes dans mes yeux / parce que les filles tout autour de
nous / nous ignorant royalement / ressemblaient toutes à des
sœurs / qui m'avaient inconsciemment manqué

~~Quand~~ chaque fois que tes doigts se sont baignés dans l'argenté
croissant à mes tempes
me soufflant en silence
de ne pas l'arracher comme du papier peint
fil
    après
        fil
            jusqu'à retrouver ~~le mur~~ la moi d'origine

Je suis une jungle, pas un jardin à la française

« Ta poésie est déjà assez sombre comme ça » / tu ne la lis pas /
mais tu n'en doutes pas / et je ris / rire avec toi a un goût de pur
oxygène

Quand tu m'as emmenée de l'autre côté de la Terre / et m'a
rappelé que « chez moi » n'est pas un endroit / mais un
sentiment niché dans un creux en forme de cœur / comme un
hérisson dans la haie de thuya de ma mère / attendant la nuit
pour sortir / comme nous / dansant avec des bâtons lumineux /
autour des poignets / étincelant lorsqu'on les entrechoque /
brûlant doucement / comme ta langue sur mes blessures de
guerre / le long de mes coutures ivoire / à fleur de peau / à nu /
mes armes abandonnées au pied du lit / comme des offrandes à
l'autel de l'amour

         toi & moi entremêlés comme du lierre /
grimpant le long d'un mur / croissant en silence / indifférent
aux tempêtes et au temps qui passe / *croissant même quand on
n'y fait pas attention* / avide / solide / même quand le mur se
couvre de verglas ou menace / de s'écrouler

Et si le lierre y arrive
                peut-être que moi
                        aussi

Things my papis will never know

papis: grandpas in French

I stopped wishing I were a boy / most days at least / my hair has become the longest in my family / and my tongue quite possibly the sharpest

baby fire became full-fledged hearth / sometimes I burn my own hands in the flames / but most times they keep me warm when nothing / *no one else* / will

I still take myself too seriously / sometimes / but I often imagine what they'd say / how they'd tease me / forcing me to laugh / because sometimes *laughing is the closest thing to feeling alive* / laughing keeps choking at bay / and I hold onto this thought like shell clinging to coral reef when I ~~sink~~

think

they've been gone for over fifteen years
some days I still feel ~~stuck at~~ 15 / dauntless frightened curious eager jaded reckless furious / hating life & starving for it at the same time / loathing the spring everyone else loves because *it took them both from me* / yet last year I spent 10 hours in a crowded bus to go see the +six hundred cherry blossom trees leading to Donghaksa Temple / South Korea / and didn't even cry once

I'm married now / all of my drafts & book projects littering their homes once / became a printed book / I keep her close / she sleeps on my nightstand / she makes me remember that I didn't dream her / *I made her* / and them proud

too ?

Choses que mes papis ne sauront jamais

J'ai arrêté de regretter / de ne pas être née garçon / du moins la plupart du temps / mes cheveux sont les plus longs / de la famille / et ma langue peut-être la plus aiguisée

Petit-feu est devenu ~~grand~~ brûlant / il me mord parfois les doigts / mais la plupart du temps / il me tient chaud quand rien / personne / n'y parvient

Je me prends toujours trop au sérieux / parfois / mais j'imagine souvent leurs taquineries / jet de citron sur une minuscule égratignure / pour me forcer à rire / **rien n'a d'importance, et rien n'a plus d'importance que lorsqu'on rit** / rire me rappelle de respirer / et je m'accroche à cette pensée comme une moule à son rocher quand je ~~deviens~~ sombre

15 ans qu'ils m'ont quittée / et certains matins / j'ai à nouveau 15 ans / intrépide flippée curieuse affamée blasée casse-cou(ille) furieuse / je déteste la vie et j'en crève d'envie / je hais le printemps que tout le monde adore *parce qu'il m'a pris mes deux papis* / et pourtant il y a 2 ans j'ai passé 8 heures dans un bus bondé pour aller voir les 600 cerisiers en fleurs de Donghaksa Temple / Corée du sud / sans verser une larme

Je me suis mariée les brouillons & projets de livres éparpillés dans leurs maisons / sont devenus un livre imprimé / toujours à portée de main / sur mon bureau, *son* bureau, la table basse / il me rappelle que je ne l'ai pas rêvé / *je l'ai fait* / et la fierté qui vacille sous mes côtes / comme un cierge le long de son chandelier de métal / murmure leurs noms quand les nuits se font ~~plus~~ longues

The sun is up so why aren't you?

In winter
I'm a black hole wrapped in sunny wool
desperately waiting for summer to spring
back from its coffin

In winter I sleep
curled in a ball of "don't you dare wake me up before
the sun is up
or you'll face a very angry bear
love
there are words sharper than claws under this fluffy duvet
and trust me
you don't want to meet them in a dark alley"

but then he waltzes into the room
like a breezy stream of air
draws the curtains / paints my eyelids with
shades of vibrant gold and warm cyan

"the sun is up ˜ why aren't you up too?"

Does he know he's a poet
sometimes?
chin lying on my kneecaps buried in the snow-
white duvet
I look at the ethereal sunbeams dancing in his hair
in shades of singed copper and setting my mind on fire

"how come the sun's up and you aren't up too?"

Oh trust me
I will be
in a minute
but first

     let me take you with me

          where the sun can't see us

Le soleil est debout – pourquoi t'es pas debout, toi ?

En hiver
je suis un trou noir auréolé de laine
jaune soleil
attendant désespérément
que l'été me revienne

En hiver, je dors
roulée en boule
et ne t'avise pas de me réveiller avant
que le soleil soit levé
ou tu auras affaire à
mon amour
il y a des mots plus meurtriers que des griffes sous le moelleux
de cette couette et
crois-moi
tu n'as pas envie de les croiser

Et puis soudain il débarque dans la chambre
Jovial courant d'air
qui tire les rideaux en arrière et repeint mes paupières
D'or et de bleu vif

« *Le soleil est debout – pourquoi t'es pas debout, toi ?* »

Sait-il qu'il est poète
parfois ?
Le menton sur les genoux
enfouis dans la couette aux airs de montagne neigeuse
je contemple les rayons du soleil danser dans ses cheveux

en pétard
y jeter des éclats de cuivre brûlé / qui m'enflamment

« Comment ça se fait que le soleil soit debout, et pas toi ? »

Oh crois-moi
je le serai
dans un instant
mais d'abord

      rejoins-moi

         là où le soleil ne peut pas nous voir

What I live for

(*after Lauren Poole*)

I live for today's fresh croissants / dipped in hot chocolate / for you / on the other side of the table / unfazed by the hungry wasps orbiting around you / like tiny Saturns in the dying summer light / ink-black rings holding tight around their waists / like my fingers on the pen / like the moon-coloured ring hugging my fourth finger / some days it feels heavy / on most days it grounds me / and growing next to you / feels as easy as gravity

I live for jumping in the sea / inhaling waffle-steam / squealing when I hear ducks cackling / running with dogs that are not mine on the beach / hiking by night along the sleeping corn fields / scratching my skin on rocks & blackberry thorns / belly laughing until I can't breathe / repeat

I live for moments like these / warming my heart / frozen in time / sunny spells in between rainstorms / blankets of quiet covering the overthinking / always simmering in my head / always ready to jump on the stove and cover the taste of everything else / like too many garlic cloves ruining a perfectly good houmous

I live for all the words I haven't been able to write / and read /
yet / I live for all the ones I want to read again and again / until
they melt in my blood / like ring of power in Mount Doom /
until they settle nicely in my brain / in little bunk beds / always
ready for a slumber party / spreading more clarity than the
scented candles scattered in the room / or the neon light sticks
around our wrists / hiding the scar I *almost* drew / when for ~~a
minute~~ too many minutes I didn't know what the hell I was
doing here ~~anymore~~

I live for my ancestors / whose blood watered the desert / and
painted the orange in perpetual red / I live for the people who
did draw lines on their skin / with thirsty knives and stone-cold
dreams / I live for my family / for the memories I didn't want
to tarnish / with one swift move

I live for seventeen-year-old me / to prove her wrong / *(see?
I'm still hanging in there and most days I even like it)* / to keep
her alive / to give her what I promised myself I'd take / when I
chose to stay / many many kisses / hazelnut coffee / figs
straight from the trees / vitamin D / the ultimate mugcake
recipe / love / love / love / so much love I'm afraid I'll burst at
the seams

*I live for all the sunsets I still haven't seen / I'll live as long as I
feel hungry*

      for you

         for them

            for me, too

Raison(s) de vivre

(inspiré par Lauren Poole)

Les croissants frais d'aujourd'hui / trempés dans du chocolat chaud / toi / de l'autre côté de la table, imperturbable / parmi les guêpes qui tournent autour de toi / comme de minuscules planètes Saturne / anneaux noirs agrippés autour de leur taille / comme mes doigts autour du stylo / comme l'anneau couleur de lune autour de mon annulaire / certains jours il me paraît si lourd / la plupart du temps, il m'ancre à la terre / et croître près de toi / paraît aussi naturel que la gravité

Se jeter dans la mer / inhaler la vapeur de gaufres chaudes / couiner en entendant des canards caqueter / courir avec des chiens qui ne sont pas à moi sur la plage / randonner de nuit le long des champs de maïs endormis / s'égratigner sur les rochers et les épines de mûriers / se tordre de rire jusqu'à en pleurer / recommencer

Les souvenirs / qui réchauffent le cœur / au frais dans ma mémoire / les éclaircies entre les pluies tropicales / les couettes de calme qui emmitouflent / apaisent, parfois / ma propension à trop réfléchir / à m'auto-cuisiner jusqu'à me gâcher / façon excès d'ail dans du houmous

Les mots / ceux que je n'ai pas encore écrits / ni lus / ceux que je veux relire / encore et encore / jusqu'à ce qu'ils coulent dans mon sang / comme l'anneau de Sauron dans la Montagne du Destin / jusqu'à ce qu'ils emménagent dans mon esprit / dans de microscopiques lits superposés / toujours prêts pour une soirée pyjama / plus brillants que les bougies éparpillées autour d'eux / ou que les bracelets fluo autour de nos poignets / camouflant la cicatrice que j'ai failli y tracer / quand / pendant une ~~minute~~ éternité / je n'ai plus eu la moindre idée de ce que je faisais ici

Mes ancêtres / dont le sang a arrosé le désert / et couvert l'orangé de rouge pétrifié / tous ceux qui ont tracé des tranchées dans leur peau / avec des couteaux affamés / leurs rêves glacés / ma famille / héritée, choisie, épousée / les souvenirs que je n'ai pas ~~voulu~~ osé ternir / d'un trait assassin

Moi à dix-sept ans / pour lui prouver qu'elle a eu tort *(t'as vu ça ? je suis toujours là, et le plupart du temps, j'aime ça)* / pour la maintenir en vie / lui donner ce que je m'étais promis de prendre / quand j'ai décidé de rester / énormément de baisers / du café aromatisé à la noisette / des figues de l'arbre à la bouche / de la vitamine D / la meilleure recette de mugcake / du kif / beaucoup de kif / et de l'amour / tellement d'amour que je me demande si mes coutures ne vont pas exploser / un jour

Je vis pour tous les couchers de soleil que je n'ai pas encore ~~vus~~ bus
Je vivrai tant que j'ai envie
                    de toi
                        d'eux
                            de moi, aussi.

(final fragments)

I feel the ocean / calling in my bones / the salt clinging to my
tongue / all this earth around me / I think it's making me sick /
I need cliffs / I need an open horizon / to jump / to dive / to
drown into / to become one / with the waves / whenever I want
to

Maybe home isn't a place / maybe home doesn't have a face

Maybe home doesn't know
walls and cannot be caught
in a snow globe
     or   a glass bottle

Maybe home is when
     where
      how
       it feels safe to
         escape

(fragments finaux)

L'appel de l'océan / résonne dans mes os / du sel invisible / frétille sur ma langue / toute cette terre autour de moi / je crois que c'est en train de me rendre malade / où sont mes falaises / mon horizon infini / sauter / plonger / m'unir aux vagues / quand j'en ai envie

« Chez moi » n'est pas un endroit / « Chez moi » ne porte pas de visage

« Chez moi » et une étrange croisée des chemins / impossible
à capturer
dans une boule de neige
                        ou une bouteille à la mer

« Chez moi » est ce confluent
                        où je suis

~~livre~~ libre
            de m'envoler

Thank you - Merci beaucoup

First off, to my "girls' band": Kristian, Ven, Jo, Ana, Mei, Sky, Lauren, Pat & Mel – there would be no book without you! I love you endlessly and may we collaborate on many more books in the future . *(You'll find their bio & IG handles on the next pages. Please have a look!)*

To Amy, Makenzie & Sam, who read this collection before release & wrote the most heart-warming advanced reviews!

To Hanna, Lauren, Shiiibs, Sky, Kang, Lex, Sam, Jen, Janey, Kait, Caitlin & Aurélien – the novel-long messages and/or reviews you sent me while reading my first collection were the wind beneath my wings as I was writing this one. I'm forever grateful.

To Ven & Jo – this book wouldn't be the same without you, and me neither.

To Chelsie Diane, my muse & mentor and the most inspiring soul on earth. Thank you for loving me at my loudest.

Special thanks to the incredible community of poets & friends I met over the past year: you know who you are!
And of course, a big thank you to the poets whose prompts or poems fuelled some of the pieces in this collection. I admire you & owe you big time.

Merci à mon mari – ce recueil est rempli de fragments de toi, mais ne t'inquiète pas, je les ai bien cachés.

Merci à ma famille – de sang et choisie–, en particulier tous ceux et toutes celles qui ont soutenu -et lu- mon premier né.

Remerciements spéciaux à Ade & Stef, la Team T, Valeria, Grace, Caro, Seb, Nico et Nat.

About moi

Diane Lato (@diane_writes on Instagram) is a writer born on a Tuesday and currently based in Rennes, France. Aside from writing at ungodly hours on any medium she'll find (she once spent a whole plane trip writing on vomit bags, which got her quite a few stares), she's obsessed with dark humour & chocolate, ducks, rollercoasters, trying out as many brunch spots as possible & going back to London.
This poetry collection is her second one, following "late flowers die last".

Diane Lato (@diane_writes sur Instagram) est née un mardi et vit actuellement à Rennes.
Quand elle n'est pas occupée à écrire sur tout ce qu'elle peut trouver (elle a un jour passé un trajet d'avion entier à écrire sur des sacs à vomi, ce qui lui a valu quelques regards surpris), elle apprend le polonais, court après les canards, mange son poids en chocolat noir, recherche les sensations fortes & les bonnes adresses de brunch (et un Eurostar en état de marche).

Ce recueil est son deuxième après « Late flowers die last » (également bilingue).

Previous release / recueil précédent

Released on October 29th, 2020, "late flowers die last" is Diane's debut poetry collection. Focused on autumn, the collection explores love, grief, recovery, empowerment and learning to enjoy the little -and big- things in life.

Paru le 29 octobre 2020, « Late flowers die last » (les fleurs tardives meurent en dernier) est le recueil qui précède « Fragments d'hiver ». Comme celui-ci, il explore les thèmes de l'amour, du deuil, de la guérison, de la résilience et de l'« empowerment ».

Available worldwide on Amazon
Disponible partout dans le monde via Amazon

There's a whole army of girls behind this book

Kristian Porter (@kristianporterpoetry &@kristianportereditor on Instagram) is a writer & editor based out of Minneapolis, MN. She loves a good G&T, cuddles with her cats, and long poem titles. Find her at www.kristianporter.com.

Venetia Law (@venxtiapoetry on Instagram) is a poet & digital artist based in South Wales. She does customised prints & canvases, alongside personalized pets portraits, available to buy from www.venxtia.com

Johanna Rawlings (@johanna_writes on Instagram) is a visual artist, writer & illustrator based in London, UK. In her spare time, she enjoys playing the piano, crocheting, travelling, or relaxing with friends.

Ana Ribacoba Díaz (@wakeupweirdoo on Instagram) is a visual/digital artist & illustrator based in Oviedo, Asturias. She is passionate about marketing, advertising, coffee with almond milk, carrot cakes, books & art in general.

Mei j Rise (@meij_poetry on Instagram) is a poet & visual artist based in California. Her work focuses on the exploration of self and is fueled by the power of art that fosters genuine connections and community.

Mel Laurens (@pixelyourtravel on Instagram) aka "my sister from another mother", is a painter & photographer based in Montreal, Canada, mainly to enjoy the snowy landscapes and colours of fall. Travelling is what inspires her artistic work.

Skyler Saunders (@smilingatmysandwich on Instagram) is a recent UC Berkeley graduate with a Bachelor of Arts in Sociology who lives in the San Francisco Bay Area. In their free time, they enjoy reading, acting and creating digital art.

Patricia Monaire (@dolfinne on Instagram) is a writer & artist based in the Philippines.

Lauren T (@the_world_soul on Instagram) is a writer & visual artist based in Kansas City, MO.

* ☾ *

Made in the USA
Las Vegas, NV
09 January 2022